在靠北與崩潰之後繼續戰鬥！

小劉醫師給爸媽的解憂書

劉宗瑀（小劉醫師）——著

登場人物

婆婆

魔法師

好奇心大、活動力強，被兒子封為過動兒。在退休後勤學不倦，通過牙體技術師國考之後又去念視光科，小劉醫師對這位非典型婆婆崇拜不已。

有時候聽不懂人話的工程師，特殊技是數學以及把難吃的菜吃完。必要時會扮演白臉角色，在小劉醫師暴走時拉住她。

蜜蜂先生

勇者

小劉醫師

變身怪獸

乳房外科醫師，熱愛一手拿手術刀一手畫畫與執筆，怕鬼但不怕血，時而暴走變身成噴火獸。喜愛在社群上與粉絲互動，不時給女性同胞們養眼福利。

阿寶7歲

智力型精靈

有一點害羞的高敏感兒，常說出讓大人會心一笑的療癒童言，是妹妹阿圓最崇拜的姊姊。

家中髒亂的代名詞，破壞萬物摧毀一切。喜歡模仿姊姊的一舉一動，是無敵崇拜姊姊的腦粉妹。

阿圓5歲

可愛型矮人

米格魯

戰備儲糧

不挑食，連比ㄆㄨㄣ還難吃的月子餐都可以吃光光，是故始終維持圓滾滾的身材。

目錄

第1章　當了媽，我的身心全走樣！

第2章　母女大亂鬥之生活日常

第3章 家庭性教育，我是這樣教

第4章

女主外男主內、婆婆應援之日常教養甘苦

第5章

陪伴孩子的純真，與生命對話

第6章 幫爸爸媽媽呼呼

—自序—

大手牽小手

結婚之前，甚至是，交往之前，對於自身面對未來雙人世界的應變力，其實是完全沒有概念的。

我：「結婚以後，就是大手牽小手囉。」

蜜蜂先生：「嗯！一起向前走。」

一切都是要遇到了才知道。我遇到了婚後兩人的空間時間磨合、遇到的生產請假跟回歸職場的困難、遇到了要維持擁有兩個小孩的家庭的辛苦，我才知道這一切並沒有想像中簡單。

我是個外科醫師，也是兩個小孩的媽，更重要，我是我先生的太太。只是身為太太的這個角色，很多時候是被淡忘掉的。尤其當……醫院開刀看診忙不完、下班返家路上累到幾乎睡著、接送小孩上下學吃飯洗澡哄睡、甚至還有一個在還是嬰兒討抱亟需安全感的時期卻要在保母處度過大半時光……諸如此類，身為一個攬了多重角色在身上的人，我其實充滿愧疚跟矛盾。

沒錯，沒看錯，就是矛盾。

我在外科受訓了多年，深知女性在這樣工作職場的優勢及限制，尤其是在生產完兩胎之後清楚發現體力大不如前，是否維持這樣高密集手工及嚴苛體力需求的專業受訓？成了我第一個考量。但是我連想都不用想，答案是肯定的。

選擇外科的人連做夢都在做開刀的夢。抉擇性、成就感、學習、效率及高挑戰，沒有其他工作可以取代，這是值得用心投入的工作。（其實房貸車貸一樣要繳，薪水遠低於所有人預期），但是，真的值得用心？用我一人的心即可？不，連先生及我們雙邊所有家人跟保母全都得跟著一起投入。這一點我真的滿懷滿懷感激。

那麼，要用到多少的心力？連孩子的成長陪伴都得一起陪葬嗎？如果我是男性，答案顯然就是肯定。但我不是。

所以，錯過家人相處的重要時光就理所當然？

網路上比比皆是：父親身為外科醫師，母親的哀怨、子女的疏離。大家給予拍拍：「沒辦法，你們就擔待點，爸爸是要救人所以……」

所以，錯過家人相處的重要時光就理所當然？受訓階段一年、兩年、五年，小孩很快就長大懂事。曾經在我懷裡被拔起哭著「我要跟馬麻一起」的大女兒，後來會笑著揮手跟我道別，讓我獨自出門去看夜間會診。

該說她被迫長大了？還是我奪去了她的某塊非常純真及重要的「依戀」？我大女兒那時不過才小班啊！如果連現在都可以獨立成熟，將來她會不會反過頭來怨我？我一直在思考這樣的問題。

更甚至，默默一直付出、在背後支持我的先生，他會不會也有無力的一天？人是互相的。我何其有幸，能以一個女性之姿做到夢寐以求的工作，同樣的我也希望先生能夠在他的專業中有同樣的收穫。

然而面對家庭，我們共同的態度是：「攜手面對」。

沒有值班的時間，我們兩個是沒有在放假的。大小孩照顧起來就像是馬拉松，尿布奶粉車輪戰。小孩的精力永遠旺盛，一個顧到癱了換另一個起來幫忙。而且重點是，我們會坐下來好好談談自己的情緒。雖然探索情緒的這部分大多是女性比較有需求，但是先生隨著我邊念邊講，他也願意試著去聽跟了解，這點我真的非常感動。

人生很短，大手牽小手，我們一起向前走。

CHAPTER 1

當了媽，我的身心全走樣！

少女為何變大嬸?! 都是為了……

看到網路上一篇文章〈為何少女變大嬸？〉引起眾多討論。身為一個專業的大嬸，早在遠自醫院實習時，別人都被叫姊姊，就只有我被叫阿姨，早已身經百戰了。

甚至當年我弟也問過我這個問題，他在看過我婚紗照、再轉頭看到齜牙咧嘴、披頭散髮、罵罵咧咧馴獸狀態的二寶媽，問了這個問題：「妳怎麼從這樣（雙手比婚紗照）變成這樣的？」

婚紗照美麗的影中人，怎麼「變了」？

嗯，很好。上一個人敢這樣問的人，他墳上的草已經長得比我家老二還高了，不，根本沒有人敢這樣問，不愧是老弟，我當然瞬間（在內心裡）把他分屍。

不只網路上探討這個問題，連我最近迷上了韓國女團TWICE（大嬸好敢講），一開始起心動念只是想幫台灣女孩周子瑜加油，漸漸的發現初老現象就是九個女團員的臉根本認不得，心頭一驚！

心裡想說：「臉孔辨識困難不是我常常在罵老公的嗎？」蜜蜂先生嚴重到最近當紅的好萊塢連續劇型漫畫英雄電影，裡面的幾個重要角色，只要一離開該系列電影，他就完全認不得。就像以下這個經典的例子：

去看電影時，我說：「這個休傑克曼為了《悲慘世界》還刻意瘦好幾公斤，不然他之前演金鋼狼健身的肌肉太壯了。」

老公：「什麼？他就是演金鋼狼的那個？」（這時候《悲慘世界》已經快演完，休傑克曼演的角色尚萬強已經快要死了。）

我立刻說：「你這臉孔辨識困難也太嚴重，拜託千萬不要認錯老婆！」

總之就是在我說到「九個女生的臉都認不得」瞬間就被老公回嗆，他說：「哈哈哈，妳也初老，妳也臉孔辨識困難！」

可惡！我就咬牙聽了好幾個禮拜的歌總算雪恥，認出了人名跟臉孔，也被洗腦成TWICE的粉絲了……就在我三不五時追蹤她們的動態時，常會有不禁感嘆「青春無敵」的時刻。

那年的青春無敵，我們也曾經擁有

看著十幾歲的女孩們，常常不禁會有一種「我見猶憐」的讚嘆。但，不會是嫉妒也不會是羨慕，那是時間一視同仁的給予每個女性極為短暫的綻放瞬間，給予能夠保有無憂笑容的讚嘆罷了。

所有人都一視同仁，在經歷過那個瞬間之後，誰都無法永遠保持在當下，因為人生的選擇就開始讓後面各個路徑加速了。

那麼來說說，選擇了什麼樣的點，少女專有的矜持會全部拋棄、變成一位真的大嬸呢？

就我的話，其實也不過就是「為了要活下去」這樣的選擇罷了。什麼時候呢？就出現在：待產房又哭又喊又痛又慘的當下、一次次拜託產房人員內診確定開了幾指？可不可以推去生了？就是這些當下。

生完的幾個醫護同事在閒聊，每個都有比慘的經驗。聽到一個護理師說：「我當下痛到真的覺得要死掉了，哭著抓住轉身要走掉的產科醫師，求她拜託不要再把我退貨，讓我去生！甚至只要有人員探頭進待產房，我就直接把棉被一掀大叫：『快點幫我內診！我要去生了！』」

聽者無不掩面想起當時猶如高鐵駛爆下半身還來回輾壓的各種痛……此痛殘暴短促到可

待產台上

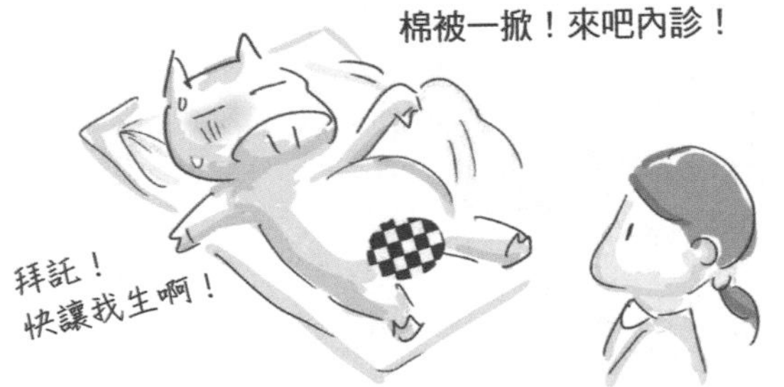
棉被一掀！來吧內診！
拜託！
快讓我生啊！

月子期間

衣服一掀！來吧擠奶！
拜託！
快幫我擠啊！

少奶奶都變成老奶奶了…何況是少女變大嬸？

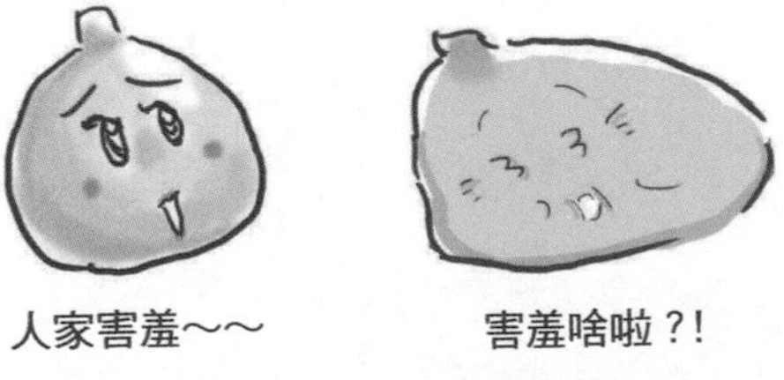
人家害羞～～
害羞啥啦？!

少女怎麼變成大嬸？

以痛暈人，但，至少是有時限的；真正此痛綿綿無絕期的，就是餵奶痛了。

天啊！是要痛幾個月啊？還連帶著宮縮！想起當年的各種崩潰。

因為是大嬸，所以能生存

我自己做新手媽媽時，由於經驗值零，恐懼值破表，成年之後首次感受先是肚子、再來乳房，接連經歷過極大的變化！會痛、會脹、會熱、會刺、會腫、會有各種爆炸感，還不是開關能關掉，是強行連在胸前的兩大坨，牽連到腋下肩膀手臂都難受！（男性成年人要比的話，大概只有中年鮪魚肚這種劇烈的差異了。）

那時候每個女性護理人員到床邊都是要看奶奶的，餵奶成功來分享經驗也是，總是一掀就打開衣服看！包含泌乳顧問、交班護理師，甚至連我媽跟婆婆都順便……久了，嗯，就覺得無所謂了。

只要能從血與淚當中解脫出來、只要能從痛與崩潰當中活下來，什麼都好，都無所謂，矜持尊嚴皆可拋。可能有幸運者能夠避開這樣的痛，但成為人母的，幾乎避不開啊！

接下來就是在公眾場合擒拿住自己尖叫失控的小鬼奪門而出，在公車或是計程車上雙手接住吐奶那呈現人體岩漿的嬰兒反芻，在最危急的時刻趕不上行程了、但小孩拉了一褲子水

稀糊便而偏偏尿布沒帶，在約定時間取消計畫、因為學校通知小孩搶鞦韆敲斷了同學的牙得去開家長協調會，甚至是在家人面前聲淚俱下、因為過多身分角色扮演而過勞終於壓垮了最後的稻草。

太多了，得用盡心力才能存活下去，得直著嗓門才能吼到小鬼跟老公屁股抬起來，得粗壯如牛才能抱著老二牽著老大扛著包包還邊打手機出門；得隨時備戰才能盯著過馬路的孩子隨時拉一把、亂撿東西吃的小手隨時拍一下……就只是為了這樣而已。

所以成了大嬸，所以得以生存。

再回來看著無憂的少女，現實生活當中，要持續那樣夢幻到大嬸的年紀但還有少女的脫俗，有的。

大家應該曾看過此新聞，英國王妃產後七小時踩著高跟鞋抱著嬰兒亮相，無敵。但一想到王妃背後可有著團隊在打理，也就釋懷了，畢竟自己嫁的又不是王子（笑），而且就算養尊處優到了英女王九十二歲的年紀，看起來還不是大嬸一枚？那就釋懷的當個好大嬸吧！

一孕傻三年，都是不得已的……

懷孕期間，媽媽的ＤＨＡ被孩子大量的吸收掉，變傻變呆、記憶力減退、專注力變差，這都是不得已的。

但第一胎時，還傻傻不知，工作跟著照常做，值班開刀，直到精神跟體力都無法負荷，提前放產假。那時候在家裡閒晃，除了處理腹壓大所帶來的頻尿跟下背痛等不適，最困擾的就是：「我無法彎腰剪腳趾甲啊！」

沒想到平日輕鬆的動作，這時候竟然有這麼大的困難，就因為我下腹部卡了顆大西瓜！而且最後接近產期時，這西瓜還不時跳著肚皮舞、或是某個腳後跟用力蹬出肚皮整個變形！

我忍著，直到某天受不了了，跟先生開口：「欸，我的腳趾甲好長，穿鞋不舒服了，可是我剪不到……」蜜蜂先生馬上說：「那怎麼辦？找人幫你剪？」

其實，腦袋裡的聯結出了岔就是從這時候開始的，有人會說啊就先生順手幫忙剪啊！嘿呀！問題是我當時漿糊腦，人家說啥我就想啥，所以，我就傻楞楞答應著被先生牽上車，來去找人「剪指甲」了！

或許有人會覺得，指甲怎麼還會有人專門幫忙剪？就還真的有！曾看過在醫院幫忙洗浴或護理的專門師傅，連內凹或是變形腳趾甲，都能剪得乾乾淨淨！更不用說，醫院地下室內有附屬的理髮店，店內這些師傅甚至還要二十四小時輪班，以防萬一有緊急需要剃頭開顱的手術，大家很難想像吧。

所以，腦中百轉千迴的就是找人剪腳趾甲、找人剪腳趾甲，我就這樣上車了沿路去找，邊找的過程還邊跟先生解釋，說在醫院或居家護理真的會有師傅專門剪指甲云云。

那麼在路上要怎麼找？說時遲那時快，眼睛一瞄就真的看到個招牌寫「修指甲」！哼哼我就說嘛，一整個超得意：好厲害找就有是不是！

轉啊轉啊七彩霓虹燈

我開心的叫先生放我下車，然後頂著大肚子像鴨子一樣搖搖晃晃走去，一抬頭看那家店招牌，嗯，「理容院」。漿糊腦，定格，想著：「理容院，就是，整理儀容的嘛，所以，有修指甲也是很合理的吧！」

我還回頭對坐在駕駛座上開了副駕駛窗戶，探頭出來的先生說：「你挪前面一點路邊空位等我，應該很快。」對吧，不過就十根腳趾。

老大預產期是暑假，當時我已經快要滿三十六還三十七週了，走起路來又熱又喘，等到了店門口定睛一瞧，一個講話有口音的阿姨整個嚇傻了！

阿姨：「小姐……（看我肚子）胎胎（太太）……有事嗎？」

我：「我要修指甲。」指指路邊的招牌，心想幹嘛那麼害怕的樣子啊？奇怪了？

阿姨回頭叫了幾聲我聽不懂的，出來好幾位小姐，嘰嘰喳喳，我就上下打量看看店內狀況，哇！門口進去就是走道隔間一間間的，打燈怎麼都用粉紅燈泡那～麼暗；唷！抬頭還看到監視器對著正門口的自己；齁！轉頭牆上就是全部監視器螢幕，還真多個小螢幕啊……嗯？怎麼那麼多監視器？

漿糊腦，根本就——完全固化，當時我有「感官」跟「感受」能力，但是無法邏輯判斷跟思考，就這樣我「大大方方」的、「正氣凜然」的，杵在店門口，等待店內討論出個結論，推出個人來幫我修指甲。

這時候另一個口音更重的年輕女生問我：「阿姨，妳真的要來修指甲唷？怎麼不自己修？」妳才阿姨、妳全家都阿姨！

我理所當然的指指肚子說：「懷孕了肚子太大，彎不下腰。」

女生：「可是，我們那個負責修指甲的阿玲，要隔一個小時才能來捏。」

為什麼理容店，就只有一個人會修指甲呢？更別說，這什麼奇怪的上班時間？我納悶著，水泥腦的運轉，果然都在很奇怪的點上。怎麼辦呢？看店裡女生們打電話（？）、似乎是在跟那個阿玲（？）詢問，我想著想著，決定了：「好啊，那我等」，就逕自搬了個塑膠椅在店門口坐下了。

腦袋不只漿糊化，還成了水泥

小姐們驚呆了，老實講，回憶此情此景此刻的我也驚呆了，當時的豬腦究竟是有多誇張啊！（掌拍額頭）但是，一小時很快不是嗎？都已經受不了了，難得出來一趟，至少在生產前處理嘛。看！多合情合理啊。

我頂著個大肚子，正經八百的端坐在「理容店」正門口，背後閃爍著粉紅小燈泡光芒，我心想：「現在到底是什麼情形？」

這時，看起來是老闆的中年人，帶著好多個便當進來，一看到我嚇到便當都震掉在地上！

試想，理容店，一個孕婦，正坐在門口，看起來就是要「堵人」、「定孤枝」、「抓猴」……什麼的，對吧?!結果我正眼對上他，跟他點頭微笑，繼續我的正坐等待。我一點都沒有覺得不對勁啊。

中年男，像店小二般搓著手走向我：「欸……那個……太太，妳是要找誰嗎？」

我：「找?找阿玲啊！剛剛她們（手指後方女眾）都說是她負責的。」

中年男面露驚恐：「負責？（眼神在我嚴肅的表情跟肚皮間來回）是要負責什麼？」

我有點不耐了：「不是說一小時後她要來?我要等她啊。」

中年男連忙衝到店後方，聽到跟其他女眾們激烈談話的聲音，這期間我依舊八方不動，穩坐泰山，鎮守著店門口，人來人往無不回頭探望，我還無動於衷（笑）！

最後中年男好像懂了什麼又走出來：「欸……太太，那個外面寫那個『修指甲』齁，那個負責的阿玲齁，她還要再兩個小時啦！」

我：「蛤～～還要這麼久唷?!那算了！」說完起身，走回車上，蜜蜂先生站在路邊全程觀看，臉上一整個憋笑……笑屁啦！咦？

我愈走出那家店、愈好像懂了什麼，等我回頭從遠方看著閃爍的七彩霓虹燈，店內亮著粉紅小燈泡的「理容店」，我瞬間……「啊！！！！！！」慘叫。天啊！我怎麼會去那種理容店要說修指甲呢！（抱頭）

上車後，一陣暴拳狂揍我先生：「啊你怎麼不阻止我啦！」

蜜蜂先生狂笑：「我看妳要呆坐到什麼時候才會意會過來啊。」超可惡的！總之，懷孕期間真的會變笨（蓋章），還請各位先生們多多海涵家裡的那口子，漿糊腦、水泥腦，都需要睿智的先生們幫忙照顧唷～～

女人最崩潰的時刻！

「人類怎麼還不滅亡啊？X！」（嗶嗶！第一次消音。）

哭著狂搖床欄、崩潰大吼拚命甩頭，四個輪子都已經上鎖的固定大床居然還被晃到一顛一顛跳動著。這是待產房極為平常的一日，然後上面那個產婦，就是當年的我。

身為一個職業醫療人員，史上最崩潰的一天，也是成為別的醫療人員眼中最欠揍一員的一天（笑），就是生產那天。跟幾個當媽的朋友聚在一起閒聊，生產這個話題就像「男人當兵」一樣打開了話匣子。

沒生過的請旁邊等號碼牌→「還沒入伍」。

誇口自己生產像下蛋的，為避免遭人唾棄，煩請旁邊喝茶吹涼→「替代役爽兵」。

剩下的就是一群死裡來火裡去、體驗過人生最慘痛經驗的生存者們，又是拍桌表演狂叫的、又是瞬間群聚爆笑的，表演「大嬸可以有多沒形象」。如果一旁的你看了覺得很瘋，那告訴你，真正在產房的時候，更瘋。

網路上有影片，拍攝女人生產時的天崩地裂，我看了只能說，根本不到當時的萬分之一撕心裂肺啊！我自己本身是個極為極為怕痛的人（蛤？外科醫師怕痛？廢話，刀又不是割我自己！）懷孕當時隱約想過……自然產……吧？然後就以總醫師之姿，在大醫學中心內捧個肚子走來走去看會診顧病人。其他的問題就……到了要生時再說（鴕鳥），當時所有人都安慰（騙）我：「哇！妳每天都走這麼多路，一定很好生的。」果然第一胎「憨膽」（台語：無知而勇敢）……（嗶嗶！第二次消音）我就知道大家騙我！

彷彿屁股要爆炸了

生第一胎的時候簡直痛爆了啊（槌桌），簡直就是生了一顆炸彈，然後炸彈在整個屁股就要爆啦。那時候還有很多人舉例說誰誰生的時候速度快得跟下蛋一樣，聽你××！是哪隻母雞啊？

老實講在生第一胎時愈接近預產期的假性宮縮，就已經足以讓老娘手刀灣ㄤ（台語：我老公）了，那種從肚子底骨子裡像是脫水機開了開關、然後全速緊繃用力到馬達快爆炸的感覺，讓我一邊抓著待產包一邊荼毒灣ㄤ直衝醫院，然後我在車裡叫得跟救護車警鈴聲沒兩樣。

進產房時，身為一位專業的醫療人員，反射先往牆上大白板看一下。這什麼職業病？不！這是超重要的「當日待產排行榜」，如果密密麻麻的，那就表示有很多在待產的媽媽，產房人員會十分忙碌，最重要的自己如果有萬一痛啦、想殺人啦的時刻，護理人員很可能會忙不過來。然後直到進了待產房，一邊研究自己肚皮上的胎心音機看宮縮，一邊試著回憶當年實習產科時學的產程進展內容。還很有理智嘛這時候！接下來幾次的內診，順利如期打上無痛分娩，讓我可以滑滑手機睡睡覺好不愜意，只差雙腿開開無法擺出著二郎腿了（嗯哼沒關係不痛就好），內診來兩個看一雙，隨便產房人員捅捅戳戳反正沒感覺（笑），然後，就到了開全指的時刻。

所謂開指這種事情呢，是一指寬約莫兩公分來估算，如果開到近五指也就是所謂的全開，那就是小孩子的頭要噗出來了。

如同上圖以南霸天丹丹漢堡為例，這樣是開四指。

在那之前，約莫就是開四指多一點、九公分寬的時候，無痛分娩的藥水會停止施打，以避免孕婦無法正常施力。然後我的天崩地裂就來了！影片中那種慢動作環景高清，媽媽拔腿狂奔過崩壞爆開的整條街、滿臉血痕無懼、要及時接住墜落的嬰兒……比起真實情況，那叫一整個寫意！

因為真實的「劇痛」，要持續XXX（嗶嗶！消音再次登場）好久好久好幾個小時啊，你嘛幫幫忙，沒看到網路影片，讓兩個父親貼上電極片接受同等懷孕的痛刺激，那掙扎的反應，然後，人類為求生存、骨子裡驃悍的民族性或DNA什麼的，都在這瞬間，表、露、無遺。

如果真的要用圖來表達，當時那種見紅就殺的暴怒，大概會是惡靈古堡系列的、真的會想要手刃所有眼見的活體無機物。而能夠表達千萬分之一當下生產的感受，絕對就是經典恐怖片《鬼店》、或《功夫》向其致敬的片段，滿門抄斬一片紅！

膀胱快被尿液脹破！

跟朋友聊時，我滿懷羞愧又懺悔的道出當時我生產的瘋婆樣。生第一胎時，停了給減痛藥，我就開始狂哭狂吼，痛啊！簡直是五馬分屍的痛。我在沒心理建設的情況下、開始崩潰大喊：「我還要再加藥！加藥！加藥！加藥！」每一次吼都震到整張大床彈地蹦蹦！然後……拚命按紅鈴要產房護理師 Do something、當護理師施予「裝傻拖延藉故離開之術」後又暴怒狂吼，一整個崩壞無間道。

這過程當中灣尢就像肇事者（他就真是肇事者）被抓包一樣，小媳婦瑟縮在一旁聽從一切使喚。「找護士？」「護士走掉了？再找啊啊啊啊痛啊！」「護士在忙？（我在痛啊）那就叫她來啊！說我開全指了啦啊啊啊！」又要試著使用殘存剩餘一點點的醫療知識、又已經被疼痛撕扯到喪失理智，此時產房裡躺著的醫療人員，絕對是最欠揍跟令人白眼的產婦，沒有之一（超自信的有沒有）。

結果總算被拖進產房了，我一心以為真的就跟（網路講的）解大便一樣，噗一下全解脫。事情哪有傻人想的那麼憨啊，我在產檯上、三度會陰撕裂傷，肚子被擠、被斥喝不准吼叫、把出力集中在腹部跟骨盆底，這些（輕笑），不算什麼創傷。

最慘烈的就是那個會陰撕裂傷，生完後一天半沒辦法自行解尿……我當年實習時很難想像：「挖賽病人沒有脹尿感是怎樣？每次導尿都一千兩千的，不難受嗎？」然後我親身體驗了總算知道答案（只是這方法也太慘烈QQ）。

會陰撕裂傷加上水腫，我產後好幾天完全沒有解尿感，膀胱已經脹到要破了我卻無法順利尿出，頂多就只能站起身時因為壓擠而滲出一咪咪，當護理師拿著略有硬度的單次導尿管在戳戳找找尿道口時，媽呀我又生了第二次，痛死了啊！結果一導尿足足有 1500cc，我卻只能感覺到：全身不適、焦慮、跟下半身簡直又要裂開的痛。「脹尿感」你給我回來啊！然後……解便又更慘了（抹臉）。

生完了還要再痛到崩潰？

總之在生產完之後所有意志力瓦解，這些「不是生完了嗎？怎麼還來啊要痛到什麼時候」真的是壓斷駱駝的稻草。而且還不只一根，是一卡車，因為母奶地獄開始了。在當時，產科同事小朱幫我接生，在我回過神之後來探望我。我整個想起自己幹了什麼……

「欸……那個我生產的時候是不是很誇張啊？」

小朱：「還好啦還好啦。」（厚……產科的都很會拖延鬼扯。）

我：「啊……現在想起來我好像很崩潰喔……」

小朱：「嗯……我只能說，妳出名了！往正面想，短時間之內，至少九個月內，妳不會再回到產房了啊哈哈。」

然後到第二胎，我被這些過去病史嚇到一直到產前都還威脅我先生「你不要跟我提什麼生產的事唷！」當時陰錯陽差，老二阿圓在肚子裡胎位一直不正，我歡欣鼓舞的排定好剖腹產時間，最後一次產檢時卻愕然知道「翻正了！來自然產吧，這次會很好生啦！」

什麼？翻正了？正翻了？

不！！！！！當場走出產檢室我就抱頭哀號。你們不要騙我！我被騙一次就夠了不要騙兩次！能怎麼辦？苦瓜臉的接受又要自然產的命運……第二次生產，暴躁度直線上升，對疼痛的耐受度下降到零。說白話一點，就是比第一胎的崩潰有過之無不及，但當時是真的非常非常害怕，怕到哭，痛到怒。更糟的是，第二胎無痛效果奇差，幾乎是無效。

幸好生第二胎時天使降臨

第一胎生了十小時，中間還有無痛可以睡覺補眠。第二胎雖然較快，生了六小時，幾乎是全程清醒，承受著宇宙繼起之生命壓輾我肉體展現神蹟，用我不想要的絕對疼痛換來的神蹟……在驚恐知道無痛麻醉無效後，我開始恐懼哭泣。比起崩潰更慘！就是歇斯底里！當時我電話連絡上生產的主治醫師，不斷哭起哀求他：「我不要生了，我要剖腹。」主治施起最高段「拖延之術」呼攏我等會再看看唷，之後，我只能怒摔手機（我也是這樣呼攏怕痛病人的給我來這套！）

這時候產房的護理師義正嚴詞的開嗆：「這位媽媽，妳是生產又不是生病！」然後丟根氧

啊…當年待產還對
護理師比中指
妳那還好！當年我
可是狂罵主治！！
我現在就要生！
然後不知道哪來力量
我還爬上產檯大叫
「我不要生啦！」
不准過來！
不生啦！
可怕
現役醫師兩名

生產請配合產房醫療人員

超沒說服力的…

氣鼻管要我吸、轉身離開。

當時顫抖著手、虛弱到無法開口的我，使出吃奶的力量，對著她的背影比出了一個「中指」。灣ㄤ在一旁噗嗤偷笑，立刻又被我丟手機砸過去。（笑！看我不殺了你！）

這邊不得不提到，第二胎待產時，在產房我遇到的一位麻醉科天使。當時我所在的醫學中心，產房位在開刀房的另一棟大樓入口。開刀房多達五十幾間、橫跨兩間大樓，從一端入口走到另外一邊足足要十幾分鐘，一般人很難想像到底有多大。而每次我在產房時的疼痛難耐，就會需要值班的麻醉護理師從遠遠的那一端走~~很遠來產房這邊處理。不耐煩是必然的（就如同那位破口開嗆的產房護理師），但我那天遇到了天使。

在我無法克制恐懼、渾身疼痛顫抖、不停哭泣的當下，那晚值班的麻醉護理師握起了我的手，邊拍拍我的肩膀，輕聲安慰我：「妳很怕齁……沒關係，慢慢來，妳深呼吸唷……這樣胎兒心跳才會慢慢回穩唷……」彷彿催眠一般，我的理智又戰勝了恐懼，我停止顫抖，無比感激著謝謝她。腦中依稀想起實習受訓時有教過的胎兒心跳如何跟母體連動，慢慢深呼吸著。

不過冷靜也是到了進產房前罷了（嘆）。進產房時我又痛到大哭大叫「生孩子這麼痛！人類怎麼還不滅亡啊！X！（嗶嗶！真的是最後一次消音）」冷靜時回想，這絕妙的台詞，也真的要被絕境激發了才能又立下了新的里程碑啊。再次回想到這個故事，也更深深理解到自己為何堅持著所謂「醫療人員的同理心」。

自己沒有生過病、沒有躺在床上嚎叫過，是不能理解那種理智跟專業全部拋諸腦後，崩潰掙扎的野獸求生貌……不知道大家的生產經驗如何呢？

月子監當中的小確幸

台灣的坐月子習慣，堪稱世界十大奇景之首，在漫長的成人歲月當中，會突然憑空掉下滿滿的繁文縟節，在「我們以前都這樣過來的」魔咒當中，只能夾縫中求生存、尋求一個雙贏的狀態順利活下去。

其實光是在醫師朋友中，大家在月子坐完、出關可以放風的時刻，跟現實社會紛紛接軌後，無不表現出對於那期間洗腦或是中猴的催眠感嘆！

例如：「天啊！明明我問了中醫，對於月子水是用米酒加水去蒸餾的中醫實證？也沒有明確共識。我就花了那麼多錢去買什麼月子水？更不用說，酒跟水互為絕佳溶劑，幾乎不可能靠蒸餾就分離，水蒸氣裡還是會有酒精啊！」

或是：「天啊！我到底是在耳根子軟什麼的？就聽信推銷的來講什麼紅寶石負離子超能量塑身衣？結果買了個XXXX啊～～」之類的。

往往這類抱頭慘叫哀號的背後，都會帶著一個極龐大的金額數字，那是在買菜會拗蔥、刷卡會等偶數單數日優惠差1%的精打細算太太們，神智清醒下絕對不會花的數字！往往就是因為月子監使人昏～～但這期間就有一筆費用，是真的要適度考量該花則花的，那就是「產婦自己吃了順口的月子餐」。

就來說說我的慘烈故事吧。

總不會比ㄆㄨㄣ難吃吧？

懷老大時已經決定在某醫學中心附設的月子中心待著，當時口碑好、費用合理、人員都是專業護理師等等因素，格外搶手。多搶手呢？熱門到完全不接受預訂！必須在「推進產房、胎頭已經露出」那瞬間，才接受預約，不誇張！妳說「我已經規則宮縮、羊水破了」等等藉口、都、不、行！因為無法預期的產程時間，月子中心就是要確定嬰兒已經像即將噴出彈道的砲彈、完全不可逆、即將熱騰騰問世、才接受預定！

什麼？妳說妳已經確定進待產房了？搖搖手～～太太！妳知道一排十幾間待產房大家都等著要登記，不是只有妳～先達陣先得分！於是就出現……當時我即將被推進生產檯上，一邊哀號哭叫、一邊回頭吼著先生交代他趕快去月子中心～登～記～說～我～～要～～～

生～～～了～～～～～～～～～邊吼邊被推走聲音迴盪在走道那樣！

就算是如此，還是有時候排不上，你說氣不氣人？運氣好生完在健保房加上幾天自費就可能等到，運氣不好要出院另外找別家月子中心都有可能……哀，這鬧得讓人心肝都疼的小冤家（手指一點）。

好吧！那既然住進這麼好的月子中心，裡頭的生活應該是花好月圓、鳶飛魚躍囉？不～～這才是這篇文章的重點！

當時第一胎我以為只要搶到擠進該月子中心就一切完美了，殊不知這才是一切的開始！這次只講最重要的一點，也是幾乎為當年所有住產婦所詬病的一點，那就是「月子餐他X的有夠難吃」。你沒看錯，我再講一次，「月子餐他X的有夠難吃」。

當時我傻傻的（這是第一胎媽媽的通病），邊翻著入住告知每周會循環一次的食譜，心想：「大家都說難吃？能有多難吃？總不會比地下街完全沒有食物香味的美食街之ㄆㄨㄣ難吃吧？」畢竟身為外科住院醫師，味覺都被ㄆㄨㄣ破壞殆盡，相信再難吃的都能吃下去吧！

喔不……在我聽到一天五次送餐，三餐正餐加兩次點心，是統一由當時伙房送餐阿姨推著大食物推車，逐一擺放餐點，拿到月子餐打開的瞬間，我才又想起，「啊！牢飯就是這樣吧！」

大家都知道，月子餐就是要少鹽少油多湯多水，在經過某種神祕的計算之後，每次房間內拿到的月子餐，都完全沒有食物香氣。不只這樣，打開看的瞬間也都沒有色彩或是畫面上激起食慾的感動。更別說，吞下的那一口，更能清楚感覺到食材被奪去生命的怨恨。如此色不香、味不全完美組合，在腦殘腦弱如產後擠奶崩潰的媽媽我，都開始察覺不對勁了。

魚說：不吃我，我死得更冤啊！

「好奇怪唷，我現在只要聽到大台食物車滾輪推來的聲音，就覺得好難過。」有一次我對先生說，那是在接連好幾餐我消化不掉超難吃月子餐、餐盤越疊越高塞滿冰箱後，我有感而發。當時先生強烈被我指派要負責處理完那些食餘，就連一向胃口極好、連我這種不會下廚的、亂煮的恐怖成品都能津津有味吃著的灣ㄊ，終於發現問題所在了！「那是因為你們月子餐太難吃了吧！」原來，我這才知道，真的是這樣！

舉例說吧！菜單上寫著明明是「新鮮海魚補氣湯」，怎麼我打開湯碗，就看到……一隻半個巴掌大沒什麼肉、扁扁的魚，因為尾巴長過碗的直徑，還被折斷凹進湯碗裡，然後湯沒有什麼調味，就是淡淡的水味。是的，水味。我必須仔細辨識才能定義口中那個味道是「水味」。更不用說，魚因為死得很慘、張著無法闔上的嘴、被煮了整個慘白的眼，在打開碗的那一瞬間，直瞪向我，像是要對我訴說著無數冤屈，彷彿就可以聽到下顎一張一闔「我～

死～得～好～慘～～～」之類的。

我很努力的，夾了一小口肉，喝了一小口湯，最後蓋上湯碗。放棄。啊！真的太難吃了啊。而且不是一道、是幾乎每一道都這樣！大型團購食材的既視感無比強烈，一天吃到某道菜，就會從上午中午到晚餐都看到它。

所以，那條魚跟牠的兄弟們，就從早上一直到晚上都出現在湯裡，最後我一打開湯碗一看到：「媽呀！又是你！」馬上狠狠蓋上。

而剛下班的先生就要吃一整天積下來的三餐份，吃到他也怕了，最後只好打包回家說他慢慢吃……這時我才驚覺，這家月子餐不是普通的難吃，但也無法退費，因為要住進月子中心的附帶條件就是必須配合他們既定的供餐……這才想起當初剛進房時，介紹環境時護理師講到他們的月子餐臉上那一抹神秘的微笑……

極為厭世的嚥了好幾天後，某一天早餐其中有一份蛋餅，用個小塑膠袋裝，因為久置都被水氣悶到有點軟爛了，但我居然超驚訝，覺得超好吃！而且邊吃還分得出來知道是地下街哪家做的，（看我被地下街荼毒了多久）！

而同時間，跟我差不多年紀的朋友，在網路上分享他們住進尊榮飯店等級月子中心之後，餐點有漢堡、小火鍋、排餐等等的炫耀照片，真是氣煞！

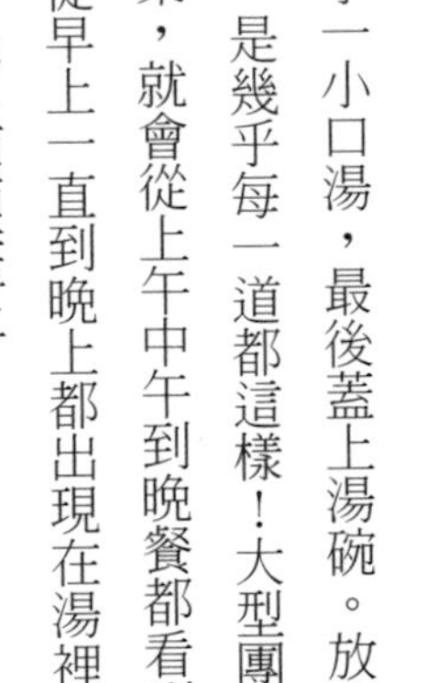

最後我實在受不了，也疑惑其他隔壁間的媽媽們怎麼處置這種可怕、讓人厭世的月子

餐？發現，好幾人竟然是直接一收到月子餐，就整盤推出門外，動都不動，然後直接叫外訂的配送月子餐。天啊！早知道有這招，我就不用吃到哭了啊～～

月子餐小確幸無比重要

從那之後，我認真做了幾家月子餐的功課，認真試吃找最合自己的胃口、最適合自己錢包的店家。才知道這個從一早開始就決定了月子監期間媽媽幸福指數的餐點，真的是無比重要的小確幸。畢竟月子期間，每天不是擠奶、餵奶、就是吃跟睡，有經驗值真的差很多，甚至在可以自由走動後，偷偷請假幾小時去地下街旁的麥當勞，吃了小小份的人類食物，都是現在回憶起來最印象深刻的片段！

月子期間，耳根子軟、腦漿耗盡、睡眠剝奪、情緒波動，請各位媽媽們加油，也請旁邊陪伴的多多包容，找出這一些些小小的幸福，協助度過這時期吧！

喔，對了，問說後來我先生打包那些廚餘回去真的有吃嗎？沒，難吃到他也吃不下去。那後來怎麼辦？餵狗！

月子做完我回家一打開門……挖賽，我家的米格魯整隻變超圓，整個屁股圓到跟乳牛一樣！成了我家同時跟著我吃月子餐的另類受益者（笑）！

曾經為母乳做過的瘋狂傻事

人家都說為母則強，其實不是的。尤其餵母乳這件事，生完之後，進入了顧好胸前兩顆奶的無間地獄生活。

每次我在乳房門診問到正在餵母奶來求診的病人，閒聊：「生完幾個月啦？第一胎嗎？現在大概隔多久擠一次？」媽媽們有的回答兩小時、有的四小時。說完我們都會互相淡淡的相視苦笑。

每天只隔幾小時就得起來照顧胸前脹奶、長時間睡眠中斷、長時間身心俱疲、還要強振精神堅持下去的群體……你以為這個世界上找不到？找得到的，母乳媽媽們就是。

定時會爆炸的兩隻小怪獸

當然不排除有很多那種餵超順的、小孩來報恩、天使給予了滿滿祝福的，羨慕嫉妒妳們。我這篇要談的，是那些打落齒混血吞、一把眼淚一把鼻涕然後一把奶的辛苦母乳媽媽們。妳們不孤單（雙手高舉正對陽光狀）！

說真的，人體身上應該沒有像脹奶的乳房一樣，在成年了之後經歷如此劇變，短時間之內，數個月，就從「只是胸前比較厚的皮膚區域」進化到「定時會爆炸脹痛不理不行，有生命力的小怪獸」。

懷孕的肚子嘛生完就會消；男性的器官要說那種每日高高升起又輕輕落下的某些器官，也沒有二十四小時持續激動的吧，偏偏脹奶的乳房就是！

我當時整個陷入在母乳困境當下，腦中想的、睡覺在意的、每天盤算的，就是「要不要擠母乳了」、「等一下擠完之後要再隔多久擠」、「可以去哪擠」這些事。簡直可以說是：「我如果不是在前往擠奶的路上，就是剛擠完奶要等下次擠奶了。」

簡直被寄生啊！兩顆飛碟還是外星章魚吸盤黏在我胸前的生命體，用各種疼痛、白點、乳塊、腫痛在在剝奪我意識，我人是在那邊行走，但真正在控制我的其實是胸前兩顆奶！

也就是在這樣的情況下，我每天處心積慮都在想著盤算著改良擠奶方法，光是擠奶器，我家裡就有四台！單邊手動的、單邊電池電動的各一、雙邊插頭用電動的兩台。恩典牌也有、朋友推薦的借用也有，但我自己用了順手的牌子是絕對要備兩台的。

為什麼要這麼瘋呢？你一定沒看過脹奶媽媽，全部手邊的擠奶器都故障，半夜用手擠到崩潰大哭吧？

當時我還爬文看了網路評比各廠牌後，自己試過各牌子才找到自己心安的品牌。結果，因為假放完後恢復上班，我每天進進出出就扛著擠奶器回家，有一次不小心用力敲了一下沒注意，結果等到我排除萬難把時間空下來，正好要擠奶的當下發現——不！動！了！我簡直天崩地裂啊！

立刻現在馬上要先生去找相同的第二台來，只差沒在地上打滾哭鬧說「我不管我不管！」因為哭鬧完了這兩顆還是在自己胸前痛爆啊。好痛好痛！好脹好脹！連腋下都鼓起來痛到衣服的布料輕輕碰到都爆哭。擠！奶！器！你！怎！麼！可！以！這！時！候！壞！掉！

好吧，有了足夠多的擠奶器，應該很放心了吧，結果問題就又出在，單次擠奶花的時間有長有短，一天累計下來也很可觀，簡直就整天顧這兩顆就好了日子都不用過了。

偏偏，當時適逢我要準備專科考試，需要讀完大量的書本跟資料考題……於是，配著擠奶機器「更～更～更～」的聲音，我得把雙邊電動擠奶的喇叭瓶夾在身體跟書桌中間，一邊

考場

「咦？咦？咦？」的念書。咦咦咦？是因為，生完腦袋變漿糊的我，完全不記得自己前一秒念過的內容！甚至明明才手寫過的筆記痕跡，一！樣！記！不！得！

當時出現這樣的場景：我邊哭邊念、焦慮到坐不住，但偏偏電動擠奶器的插頭電線長度有限，更別說雙邊喇叭口，我就得用上雙手、或是單手硬壓著兩乳房的瓶口，才能騰出一手勉強活動，我就像被狗繩鍊住般只能在短短的半徑範圍內瘋狂踱步！

當時還上網查了國外有好多種輕便隨身型的，但問題是當時台灣不普及，要不然就貴到爆，所以我就自製了：拿件不要的胸罩、罩杯正中央打洞、塞入喇叭口，把胸罩穿在身上，電動的擠奶器加上延長電線……我騰出了雙手、增加了活動半徑、爭取了被榨乾捆住當下多那一點的行動自由！這對我來說已經是莫大的感動了！現在想想當時的動作，都充滿了偏執的喜感，但當下真的是絞盡腦汁了在想啊！

登機箱裡裝滿擠奶神器上高鐵

到後期擠奶的活動範圍更誇張擴大：上高鐵移動、要準備出國，真心不讓擠奶囚禁住，這一切就在我北上準備專科口試的時候，達到了高峰（笑）。

人家醫師專科口試，行李內準備的是書本跟資料；我帶著一卡登機箱，裡面裝的是兩台擠奶器，更換用的消毒過乾淨喇叭瓶兩組，保冷袋以防會場沒有冰箱借放擠好的母奶，還有冷凍包，母乳袋。

一到高鐵站，就開始找哺乳室；一上高鐵就開始找第七節車廂的加大廁所，然後在看到內部有插頭時喜極而泣！再到考試會場，眾人摩拳擦掌口中念念有詞，我則是拖著行李箱轉進轉出找半天，想確認一下如果等下等待時間過長，可以躲哪擠奶……查清附近有哪些百貨或是友善親子店家，有附設哺乳室可以使用……

這時候深深有感，台灣社會對於潛在身體隱形需求的族群，關心程度還有很大的進步空間。試問，一般人會想要在廁所裡吃便當嗎？不會嘛，那為什麼我在擠奶、幫寶寶做便當，就常常得被迫窩在廁所裡、馬桶上呢？聞著周圍環境的味道、聽著隔壁噗噗嘩啦的聲音，然後我得一邊提防滿手滿貫的東西掉地上或是滾進馬桶內……簡直特技！

在隔了這麼久之後，小孩都已經長大到欠揍的年紀了，回頭再看這段母乳期間做過的傻事，真的是佩服自己又微微感傷～～希望每個人都能體諒與更理解這階段母親的不適，尤其是先生真的要很支持多擔待這時候瘋狂的太太。

最近看著公開場所愈來愈多附設獨立的哺乳室，不禁欣慰起來。只是當年留下的壞習慣：看到哺乳室就會進去巡一圈；進到廁所就會下意識找插頭，這看來改不了了！

崩潰媽與挨罵的醫護

老大阿寶跌倒撞到額頭，撞出了一公分的撕裂傷，鮮血跟淚水直流。

當時我在醫院上班，看到她被送來急診時，真的是心疼又哭笑不得，阿寶生來是個穩定又內斂的小孩，就連打疫苗啦、重感冒、高燒，都只是悶哼了一聲而已，沒什麼大聲哭泣過，竟然放聲哭到滿臉豆花，真是讓媽媽開了眼界。

因為我自己本身是外科醫師，縫合算是輕而易舉可以完全處理的，我毫不擔心，抱抱阿寶，跟她約定好等會兒縫合的時候可能會發生的情形，然後就用最快、狠、準的速度把整個縫合過程行雲流水完成。

無菌手套、極細的尼龍縫線、消毒器材準備，當我一準備完成後給左右兩旁待命的護理人員使個眼色：「固定小孩！」接著所有人全力壓制住哭鬧的阿寶，我嘴上安撫著：「喔，秀秀，快好了！」然後雙手沒停快速打入麻藥、縫合、打結、剪線。

結束之後，阿寶哭到滿頭大汗、不停啜泣，我給她額頭上貼了個ＯＫ蹦，還在上頭畫了個小兔兔的圖案，然後帶著阿寶去照鏡子，跟她說：「妳看！兔兔怎麼在頭上還哭哭?!」她一瞬間就破涕為笑，接著問我：「媽媽？哩剛系嘎挖挺撒將（台語：妳是不是給我縫三針）？」我聽就笑啦：「是啊。」阿寶摸摸額頭：「挺撒將丟賀啊（台語：縫三針就好了）！」我抱抱她：「丟啊！」好乖巧又堅強。

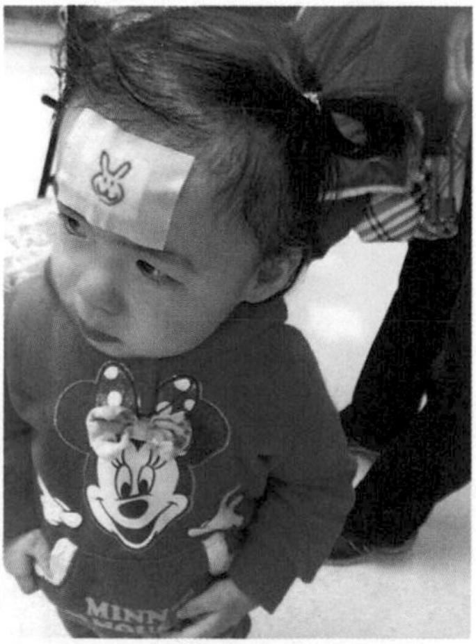

哭成淚人兒的阿寶（圖片來源：劉宗瑀）

小孩有多種面相，雖然有時候過度感性跟玻璃心，但都是全然率真的無造作投射到父母身上。我抱著心中感謝收下了滿懷溫暖情緒。作為下次又下下次、再之後好幾次被同個孩子，用哭用淚水用怒氣磨耗時的能量存款。

媽媽不敢對寵溺成毛毛蟲的小孩管教

守在急診久了，看過太多家屬用不對等於小孩傷口情況或疾病嚴重度的崩潰，加諸在醫護人員身上。

光是傷口縫合這件事，我們外科醫師首要第一件要務就是評估「父母的理智程度」，這件事可能比評估小孩傷口還重要（笑）。每一個傷口處理的過程，消毒的刺痛、打上局部麻醉的疼痛、甚至是看到白袍人員手拿尖銳縫合器械靠近，都會激起小孩野獸般自保的防禦尖叫，這時最重要的就是父母的配合。哭就哭吧！總是要快狠準有效率的早點處理早點好。堅強一點的家屬能夠幫忙壓制固定小孩，心疼不忍的就只好請到外頭等待。

這時忙到滿身大汗的醫護人員最不需要的就是隔空指揮：「喂！護士你那個動作輕一點！」、「醫師你這樣弄的流血怎麼變更多？」喔！還有那一萬零一個人次詢問「醫生這以後會不會留疤？」「當然會囉，」我一定溫柔笑笑回答：「第一時間受傷的方式所造成的傷口，就決定了疤痕的形成！」

還有家屬會為了安撫小孩：「醫生壞壞！媽媽給她打打！」接著就作勢拍打我準備要縫合的手。我如果說：「這位媽媽，可以請妳幫忙安撫小孩嗎？還是等他鎮定點我們再繼續？」接著作勢放下器械離開，轉頭去處理其他後面排長龍的病人，畢竟虛耗的時間成本，還要加上後頭病人的部分，這就不能一直陪家長虛耗了。但大多時候，收到的回應是，媽媽不敢對寵溺成毛毛蟲在彆扭蠕動的小孩管教，而是轉而把醫護人員當成她的孩子般管教。「妳等一下不行嗎？」、「我們掛到幾號了等到幾點了？」之類的。看來不是不會所謂的「管教」，只是教訓的對象略偏了。

醫師在診間絕對是父母的朋友

不過，我也是有自己身為家屬的徬徨跟緊張過。老二還在學爬時期，接連的發著燒，半夜高燒到發抖、抱著哭不能睡，那真是會把所有成年人的理智給燒斷，於是就會出現，好不容易投了藥了、溫水拭浴、退熱貼、塞劑……各種能想到的都交替嘗試，幾乎到了如果說開冰箱放涼有效，都會想急著嘗試的狀態。還秉持著曾經在兒科受訓過所學的：觀察活動力、觀察脫水情形、尿布重量、食慾，如果症狀不嚴重就再耐心等待。

卻在第三或第四第五天，又接到保母打來電話說高燒了！當下不知要再請假去帶小孩掛第二間診所？還是在家休養等等看好了？還是直接帶去住院？我現在要往哪邊移動？整個當場當機，完全無法思考。先生也問、長輩也問、我成了最大定奪者卻茫然不已，就連腦海中依稀曾經記得的脫水後副作用、泌尿道感染造成腎臟病變、多日不明原因發燒要小心川崎症等等可怕的印象都浮現！

帶著老二再次求診，兒科醫師講出的建議，我一聽就轉頭跟先生說：「你看！跟我在家裡說過的一樣，只是、我一直被問又顧到超累，最後已經沒信心到無法思考了。」到最後，我也只是一個普通的媽媽罷了。一個依舊需要仰賴各個專科醫師建議、鼓勵、支持的普通媽媽。這樣的設定，無關醫師身分。

期許自己下一次見到崩潰媽跟媽寶病人時，更能支持對方，也希望各位家長們，醫師在診間絕對是你們的朋友，請全力配合醫師指示，讓萬一不小心又來的下次縫合，能更快更有效率的結束。小孩眼淚收乾很快的！媽媽還在找衛生紙擦自己眼淚時，小孩早就衝出門去玩要了！（笑）

小孩哭聲天線

首先，當了爸媽就要承認一件事情：**有沒有父愛／母愛，不是絕對的**。

網路上各路流派齊鳴、百家學說爭放，最大的共同點就是：每個父母的ＥＱ都超高、都超溫柔有耐性的。所以當低頭看看自己時，對小孩怒吼、三申五令，偶爾還會抓狂爆走，似乎是個萬惡不赦的家長。更不用說，當我獨自一人照顧兩個小孩時，那近乎崩潰的狀況。

不過，從這裡我慢慢發現到一件事情——身為母親，對子女的呼喚聲，似乎有著永遠不疲倦的敏感度，幾次實驗證明下來，屢試不爽。

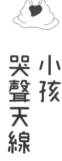

場景1

老大阿寶睡死在安全座椅上，其他大人們捨不得叫醒她，停入停車場後紛紛輪流下車買東西，輪到我去買東西時，先生跟其他人掩著車門、站在車旁聊天。返回時我耳朵一豎，聽到阿寶的哭聲，馬上衝去開車門！果然阿寶已經醒了，還哭成淚人兒！

我邊安撫她，邊斥責站在一旁的先生：「小朋友在哭你都沒聽到嗎？」他一臉無辜：「沒有啊，真的沒聽到……」

場景2

又是停車，我下車去買東西，這次不獨留阿寶在車上了，先生跟小叔坐在前面的駕駛及副駕駛位子，聊著天。當我依稀聽到阿寶哭聲，一驚之下衝回車子開車門時，後座的阿寶又哭到滿臉淚痕。

我說：「阿寶妳怎麼哭哭了？是不是沒看到媽媽？」阿寶委屈拭淚點頭。我轉身：「你們前面兩個是怎樣？顧著聊天都沒聽到小朋友在哭嗎？」男人們依舊一臉無辜的說：「沒有啊……」

這裡不是要吐槽男性某條天線沒接好，或是有其他原因……好吧！我就是要吐槽一下。但重點是，我很訝異的發現了自己竟然有這種類似第六感的感應，必須要說，我覺得訝異無比。

不過這樣一來，半夜再也無法安睡。小孩一動、一咳、一出聲，我就立刻醒來。醒來的時候連思考都沒有，立刻檢查小孩怎麼了！彷彿體內自動安裝了某個 app，會自動搜尋到小孩的 Wifi。利用這個習性，我把手機鈴聲改成小孩的兒歌，而且效果非常好（真是可喜可賀）！

自從在大六成為見習醫師之後，手機鈴聲就是個痛苦的選擇，因為手機一響就表示有臨床工作找上門來了！早上五點半睡不著覺的、大便解不出來的、屁股半夜突然開始癢起來的、鼻胃管掉落、點滴打不上、傷口痛……每次手機鈴聲一響，就有各種大小雜事要處理、要接受抱怨，連帶影響了情緒，因此手機鈴聲再如何動聽、再多麼陽光、如何歡樂，都沒有用！只要某個音樂片段被選作手機鈴聲，我幾乎就會投射般地憎恨起那音樂！

有時候則是手機鈴聲太小聲，而漏接電話……總之帶著手機在身邊，接受各種醫護人員的聯絡，這樣的日子也已經近十年了，從來沒想過會有完美解決這兩大問題的鈴聲：一、聽了不會生氣，二、音量再小也聽得到。如今，用了小孩的兒歌，竟然解決了這兩大問題，真是始料未及。

話說回來，儘管自己是耐性極低、會爆走抓狂崩潰的媽媽，但也不是全然不及格吧。在網路上、書本上所學所看，其實不見得能全盤適用在每個家庭中，不需焦慮擔心，只要有足夠的陪伴，就是最棒的關懷。

當媽就是被「洗腦」啦！

身為媽媽，又是職業婦女，其實我一直有很大的恐慌。我不想要被小孩完全剝奪了「自我」。我寫作繪圖或整理資料，需要安靜的書桌前時光，在有了兩小之後，果真如同每一位媽媽那樣，漸漸被占據了。於是就會出現這樣的情形：

一、兼了多個專欄交稿時間要到了，結果一直沒空檔寫稿。然後要哄小孩睡，結果是自己累倒先睡。跟小孩陪睡前交代先生：「我好累不行了……我先瞇個一小時……記得要叫我起床唷。」結果沉沉睡去後，先生在約定時間要搖醒我……卻被我一整個怒吼狂揍、悶頭轉身裹棉被、喃喃自語或是出言咒罵……等等。

據先生所說，但我以完全不記得的方式，換得繼續好眠。結果往往就是我直接時光跳躍到凌晨或天亮，驚醒後，才發現所有事情都沒處理，下班回家後的包包還甚至丟在樓梯口沒拿起來過，然後當然又是對我先生一陣怒吼：「為什麼不早點叫我起床啦啦啦啦！」

門診局部麻醉手術

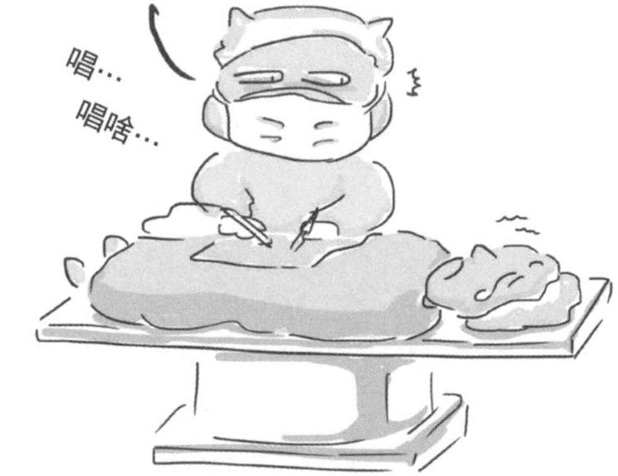
咦？你在怕嗎？那我唱歌給你聽！
唱…
唱啥…

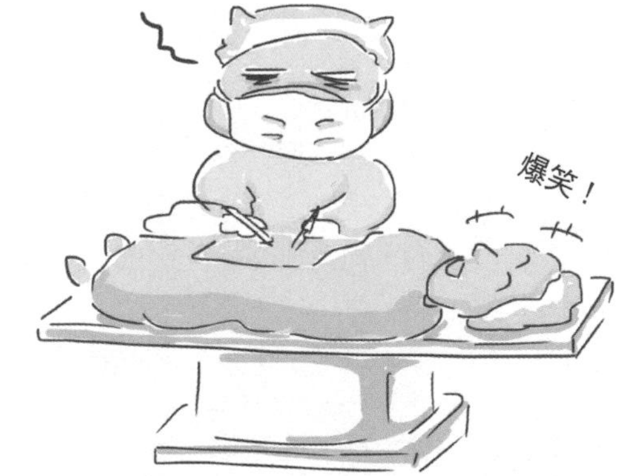
…一…閃…一…閃小星星
爆笑！

媽媽被洗腦了

二、最慘烈的一次，就是在我要隔天出席會議演講的時候。因為需要全神貫注的準備，所以我很～早～就把小孩趕上床。不過計畫趕不上小孩的自目化。都按照平常的睡前儀式進行了所有步驟：昏黃的燈光、放鬆的按摩、飽足的小肚肚、乾爽的屁屁……正常照這樣應該要入睡的小孩，瞪大了眼睛不睡就是不睡。翻來翻去、爬來爬去，各種老娘就是不睡妳能耐我何。

當時睡覺主要由媽媽陪伴的小孩，只要一察覺到媽媽不在隔壁床，簡直是自備了夜視紅外線感應器一般就開始哭鬧爬起。歌詞：「不想睡，我要陪妳一整夜，我要幸福的催眠，天旋地轉的暈眩……」背景音樂就這樣無聲喧囂著，我卻愈來愈焦慮。

跟先生討論該怎麼辦？眼看著能夠剩下準備的時間愈來愈短，如果當時有什麼「畫五芒星陣型」或是「對著東方光腳跳舞轉三圈」能夠有效讓小孩入睡，我們一定照辦。最後我們搬出了家裡最強的哄睡天王：「藍ＱＱ」，（詳見第2章〈無止境的睡眠戰爭〉）。「藍ＱＱ」是我們家的車，依據之前慣例，只要小孩一坐上汽車安全座椅，秒睡。這樣的經驗，讓我還帶著最後一絲希望。現在看起來，狗急了跳牆一點也沒錯，什麼教養專家的文章在這個危急的時候一點也幫不上忙。

反正我就跟每個急到累到已經沒力思考的爸媽一樣，扛著小孩上了車，就這樣凌晨兩點繞著巷口開車晃悠晃悠。然後一直回頭偷偷觀察看小鬼頭睡了沒。邊在路口等紅燈的時候，感嘆著自己怎麼淪落到這地步。好不容易一個多小時之後，小孩果真睡著了。卻在回到家門口一熄火的瞬間，又醒了。（媽媽玻璃心碎）就像玩大富翁，抽到「回到原點」的幸運卡。但比起回到原點，更多的是疲倦跟崩潰。

每次都是要跟隊友一起並肩

常常有人會問：「妳怎麼維持工作、家庭、自我的平衡？」我每次聽到這問題都要先抹抹臉一下，鎮定一下腦中浮起的這種那種悲慘。邊在心底問自己：「我真的有各方面平衡？全部兼顧嗎？」其實說真的，沒有。只能說，見招拆招。每次都是要跟隊友一起並肩。要不然一個人真的處理不來！隊友A.K.A灣ㄤ，有時有力，有時扯後腿。真的只能見招拆招啊！

但確實是，小孩的照片占據了臉書，她們的歡喜感染了我的歡喜，她們成長時的各種變化成了我心境的變化。確實是當媽逐漸被洗腦了！本來很難想像那種「洗腦」，但漸漸發現，其實那是學著用「小小孩的眼光去理解世界」。所以飛過的鳥、隔壁桌的小狗，都變得像中樂透那樣驚喜。而且最直接的是連音樂、書籍圖畫影視，都變成小孩主題的了。隨便問一個媽媽，腦海出現的音樂應該都是兒歌吧！

有次在幫病人開門診手術，做局部麻醉，病人是清醒的。在手術過程，發現病人有點害怕。通常這時候我們要幫忙聊天啦、聽歌等等分散病患的注意力，但是當時刀房內播放音樂的收音機剛好壞了。怎麼辦呢？我說：「我唱首歌給你聽好了」病人雙眼緊閉不斷發抖，怕到無法開口。

唱什麼咧？唱什麼咧？我拚命頭殼轉阿轉，旁邊護理人員也興致盎然等著要聽我唱啥歌。結果我脫口而出就是：「……一閃一閃小星星……」瞬間整個開刀房大爆笑！護理人員笑到摀著肚子，連病人都笑到眼淚飆出。

脹紅著臉，我想：「哼！就是被洗腦了啦！」至少病人很開心，也算不錯啦！

CHAPTER 2

母女大亂鬥之生活日常

一加一不等於二

數學千古不變的定律：「一加一等於二」，在我生下老二之後完全被推翻了。

場景1 初見面

老大阿寶在我生完老二阿圓之後，首次見到妹妹。

懷孕期間，遵照網路上各家建議，我常常假裝肚子裡的阿圓送小禮物給姊姊或是講好話給姊姊聽，希望在她們見面前先建立良好印象，不要有妹妹占用了媽媽的剝奪感。結果首次的見面，算不上熱烈。阿寶冷淡的瞄了妹妹一眼之後，轉頭自顧自地玩。

兩周後兩小孩都在家裡一起過夜，那真是恐怖的考驗。哭、鬧、尿床，小的恢（台語「鬧」之意），大的也跟著退化。本來阿寶夜尿已經戒尿布了，在我多次一大早換床單換棉被接著上班遲到後，還是又乖乖幫阿寶包回尿布去。當時房間的地板，常常是匆忙撤換下來的床單棉被堆積成山，等著有空再收的慘況。那時阿寶會講「挖昧愛妹妹」（台語），我都會回她「喔」。

約莫相處了一周後，阿寶首次伸手抱了一下阿圓。（媽媽在心裡偷偷記錄了一下。）

場景2 爭奪

妹妹阿圓會坐會爬後，開始破壞一切玩具，而對於天生很細心、會收拾玩具的阿寶來說，妹妹真是惡魔般的存在。於是便會出現阿寶一把搶下妹妹手裡玩具，以及阿寶發現玩具壞掉了大哭，妹妹發現玩具不見了也哭，哭聲共鳴的吵鬧盛況。那情形，真的很可怕啊！

場景3 崇拜

「我不愛妹妹」、「我覺得妹妹很吵」講了一萬次，這樣的阿寶也慢慢有了改變。原因就是因為妹妹阿圓非常的熱愛跟崇拜姊姊，只要姊姊出現在視線範圍，阿圓就咯咯笑——姊姊唱歌，阿圓尖叫；姊姊跳跳，阿圓拍手。

有時姊姊會用
比較故意的方式
跟妹妹玩

在一旁
怕妹妹哭…

想不到
妹妹跟著敲自己

姊姊最棒！
姊姊崇拜！

無敵崇拜姊姊腦粉妹

破壞萬物
衛生紙殺手

摧毀一切

唯獨一樣很寶貝

頭上的小啾啾

阿圓圓的小寶貝

我們會趁機會敲邊鼓「妹妹最愛你了」、「妹妹覺得姊姊好棒」……慢慢的收到了效果，阿寶愈來愈愛跟妹妹互動，只是有時會變成阿寶大喊妹妹：「看我表演唷妹妹」、「妹妹要專心」，甚至是「妹妹手手放背後」那套幼稚園老師的管教法。

看著現在兩姊妹互相牽著手慢慢走的背影，回想起這一段過程，真的覺得很不簡單。「老大照書養，老二照豬養」說得真是貼切。尤其老大個性與老二迥然不同，在第一胎時遇到狀況還得請教各長輩跟老師，經驗值增加之後，再看到老二自然而然發展出各種粗細動作，除了再一次回味小小蠕動肉團子進化到小小人兒的生命奧妙，更驚訝發現：有相近年齡兒童玩要刺激的嬰兒，在學習跟反應上真的快速很多很多！

一九二〇年代末期，明尼蘇達兒童發展研究所的心理學家密德莉．巴頓（Mildred Parten）觀察發現，孩童們在一起玩時，通常有五種不同的玩法：

一、單獨的玩（Unoccupied Play），僅觀察不動手。二、旁觀的玩（Solitary Play），獨自玩。三、平行的玩（Parallel Play），與周圍兒童玩相似的玩具。四、聯合的玩（Associative Play）彼此互動，但非團體遊戲。五、合作的玩（Cooperative Play），真正共同展開團體遊戲。

隨著年齡愈大，孩童的玩耍方法會愈趨向第四跟第五種，而心理學家巴頓相信這樣的玩耍能力是奠定以後人際團體合作的關鍵。我家阿寶在進幼稚園時經過慘烈的半年以上哭泣時間，現在看到老二在姊姊的陪伴之下，很快就抓到「與他人玩耍」的訣竅，真的有說不出的感動。希望至少這一次，老二念幼稚園不會又哭上半年吧！

回想剛自然產生完第一胎後，老媽開玩笑問「何時要生老二」，被我波浪鼓般搖頭拒絕。我嚇壞了！如今看看，兩姊妹能互相陪伴，真的覺得更有力量跟勇氣，去收拾無比雜亂的房間，以及過著永遠精神不繼的生活！

一加一，遠大於二！

無止境的睡眠戰爭

這是一場無止境的戰爭，人類的存亡重擔就落在此刻。咬著牙、深呼吸著一次又一次，面對前方巨大挑戰而屏息著……當失敗的那刻爆發，你我無不搥胸頓足暗自怒吼，問天問地問神明：「死小孩！你為什麼還不睡！」然後一個晚上上演七次八次左右這種內心戲（命啊）。

我家兩小孩的睡眠基本上就跟大家的沒兩樣，有時候難搞，累了還不睡，結果是媽媽哄睡了自己，驚醒後發現小孩還在滿床亂滾。除了在保母家是由保母負責哄睡之外，在自家裡睡覺媽媽就是責無旁貸，這件事情我已經認命。小孩畢竟精得很，爸爸就算想要幫忙也愛莫能助。驅趕爸爸離開，由我來陪伴小鬼頭的睡前哄睡儀式大典，爸爸那一臉「喔耶！我可以去爽了」的賊笑，有時候看起來還是滿欠揍的。

嬰兒有看不見的開關？

我以為身為兩寶媽，經驗值已經頂天了，至少在眾多學派跟各家經驗談之中，我很自信能夠選擇出最適合我的方式，甚至能夠介紹個一兩招奇門遁甲之術。比方說：由我老媽傳給我的，小孩進入睡眠時需要輕柔穩定的肢體接觸。簡單講就是「拍拍」、「呼呼」、「秀秀」這一類的。

老大阿寶在當年，我是刻意在她即將入睡時按摩耳垂，即便她現在年紀大了，還是會在睡前討摸摸，代表她很喜歡那樣的入睡儀式。而老二當年我也打算如法炮製，在她才剛六個多月會抬頭的時候，也是呼呼耳朵配著奶嘴。難道阿圓的耳朵有開關（笑），從當時的影片看起來，效果超好啊（這媽媽擺明了是喜歡人體實驗）！

怎知，小孩真有不同的個性，老二阿圓後來不僅不愛吃奶嘴改吃手，就連我呼呼耳垂也不要！寧可要我拍拍她肚子！我怎麼知道呢？因為只要我伸手摸耳垂，她就打掉我手，然後抓著我手掌拍自己肚肚！有夠妙。

除此之外，還會假哭，一下點名要找姊姊玩（姊姊明明就睡著在一旁了），一會要喝水喝奶，但至少孫悟空還是逃不出我的五指山，說起來哄睡小孩的自信，我多少還是有的。沒想到在感冒大流行的期間，竟然重溫了一次「說不睡就不睡」的惡夢……

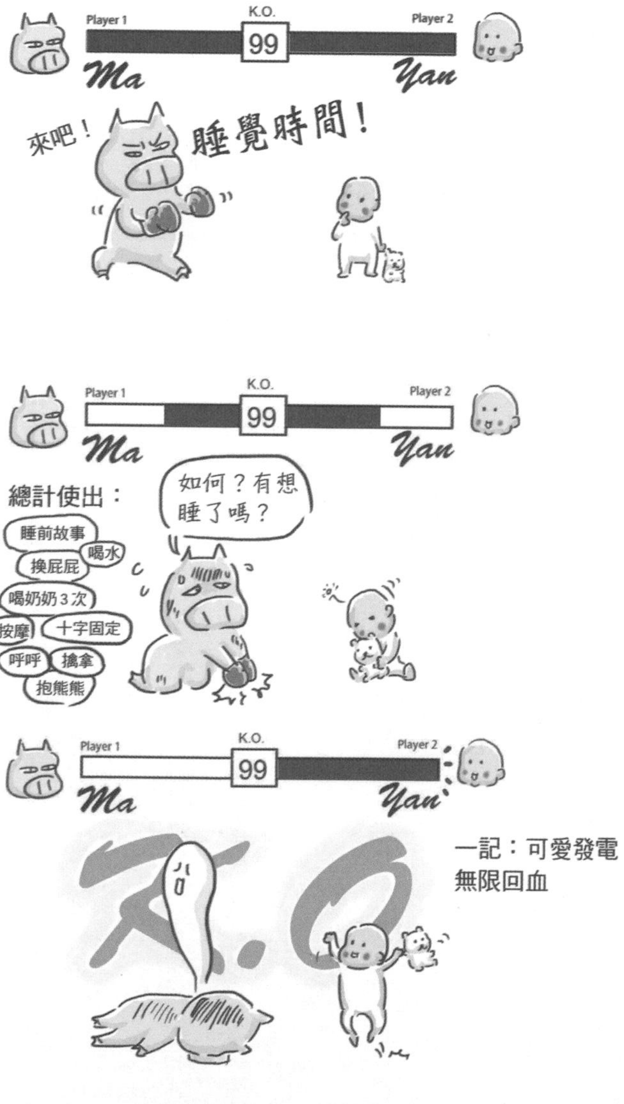
Player 1
K.O.
99
Player 2
Ma
Yan
來吧！
睡覺時間！
Player 1
K.O.
99
Player 2
Ma
Yan
總計使出：
睡前故事
喝水
換屁屁
喝奶奶 3 次
按摩
十字固定
呼呼
擒拿
抱熊熊
如何？有想
睡了嗎？
Player 1
K.O.
99
Player 2
Ma
Yan
K.O
一記：可愛發電
無限回血

啓動睡前戰鬥模式！

我家寶貝入睡神器：藍QQ

當時老二阿圓似乎是不適應乍暖還寒的氣候變化，開始咳嗽流鼻涕。一隻感冒，事小，碰上老大阿寶也跟著被傳染後，事情就大條了。哄睡時間變成像是煉獄般的慘絕。老大狂咳完之後，吵醒剛入眠的老二，然後老二全身不舒服又哭又尖叫又鼻涕亂噴，引起一陣咳咳咳，然後吐。

冬夜的凌晨在那邊吐，說有多崩潰就多崩潰！床單枕頭啦要換要丟，連抱著的熊玩偶都被波及！然後整隻臭酸的阿圓抱去洗澡換衣服之後，一躺，又咳到吐！再重來一遍！然而這還不是最可怕的……最可怕的是，她不只睡不安穩，甚至連入睡都變得困難！怎麼哄怎麼拍怎麼拿絨毛抱巾都沒用！兩個大人接力賽到第三天還是第四天？真的快崩潰了……（當時是連續假期。）

我：「怎麼辦？我快受不了了……我自己好像也感冒了……」

蜜蜂先生：「可是阿圓又不給我哄……」

我：「還有誰可以幫忙嗎？」

我倆沉默的想了一會兒，現在是凌晨時間，還是冬天，只能說欲哭無淚啊……

蜜蜂先生：「看來只好使出大絕招了！」我們的最最最後一道防線、永遠信賴可靠的最強搖籃：藍ＱＱ（我家汽車小名）。果然阿圓一放上汽車，開動，輕輕搖晃，慢慢前進，真的睡著了！難道是白噪音的威力？（小劉醫師辭典：白噪音，一種「嗡嗡嗡」的規律聲音。）

白噪音萬萬「睡」！

看著先生傳來「睡著了」的簡訊，我們無不喜極而泣！就連熟睡了也不敢大意，連人帶著安全座椅搬進家裡，確定熟睡了我們才把小孩搬上大床。能過一晚是一晚，那個慘絕人寰的連續長假，夜夜就是在神秘龜步慢行的藍ＱＱ繞行，我跟先生兩人輪流開車之下，痛苦而漫長的度過的……還好感冒好了的阿圓恢復了可愛跟調皮，留下徹底被感冒狂咳癱瘓的媽媽。她依舊會在睡前小小假哭一下、找這找那的，但是比起之前那抓狂的模樣，好很多了啊！

事後感慨，朋友：「妳那兩個女兒算啥？」我看看她三個兒子的皮樣……只能含淚敬禮她了（苦笑）。

朋友繼續小崩潰：「跟我敬禮？對對！我帶三個兒子坐電梯，遇到個阿姨！一看到我三個兒子，說了句『我也是』，然後還補刀『我活下來了！』媽呀～～」（拍拍）

小劉醫師專業開講

了解寶寶的腦部神經發育，能更清楚針對不同時期的小孩睡眠做應對。簡單來說，小嬰兒在媽媽肚子裡本來就是日夜不分；來到外界後，外界亮就清醒、暗就入睡，這是需要經過學習的。而且，剛發育的腦部神經對於各種感官刺激非常強烈，不像我們成人的大腦會自動過濾掉一些不重要的雜訊。就好像我們初來乍到異國旅遊，就連招牌或路燈都覺得新奇有趣！而小嬰兒每天一張開眼所接受到的，就是那樣強烈的感受。再過來，半歲之後，已經開始跟父母有互動了，這時就要建立固定的睡眠儀式，房間燈暗，適度使用白噪音……等等。

至於同房不同床，是現今兒科醫師們比較有共識的建議，主要是為了避免嬰兒猝死發生。另外，不要誤信來路不明、一帖見效的「八寶粉」或是「腸絞痛特效藥」，內容有無重金屬？或甚至鎮定劑？排除掉小孩不適的可能原因，耐心跟適時讓主要照顧者換手，才是度過這個痛苦睡眠戰爭的方法。

當外科醫師遇到自己孩子吞食異物

兒童沙坑內的決明子，跑入小孩耳道內了！家長抱著孩子溜滑梯，誤折斷了小孩腳踝了！偶爾遇到這樣的新聞，除了心疼與不捨，往往被問到：「你是外科醫師，要不要來做一下呼籲呢？」

兒童安全，需要時時刻刻注意，但單次的呼籲？效果有限，而且說真的自己會心虛……心虛什麼？就算自己是外傷重症外科醫師，當媽了，就還是只是隻媽媽。

曾經有一段時期，家裡兩小接連各種跌打損傷。例如下巴額頭撕裂傷，偶一為之我還可以笑著處理。當接踵而至時，當電話被老師跟保母各種急叩，當大的剛處理完事件No.1換小的No.2再換大的再接著小的……我整個當機了！當時我跪打電話給先生大哭：「我受不了了！我沒辦法處理了！我覺得我沒自信當媽了！」

明明就在眼前看著，怎麼一秒就出事？只是一回頭，怎麼馬上就又發生？這真的會讓人崩潰，當時我哭著說：「拜託不要讓我跟小孩獨處，我沒辦法自己一個人顧好她們……」好心酸……

讓人崩潰的「媽媽我吃下去了」……

講講其中一個小段落吧！（你看事件多到可以拆開講……）

當時小孩沒告知我的情況下，我開車接送，小孩坐安全椅。還能出什麼亂子對吧？是的，就是有辦法。小孩突然講了一聲：「媽媽我吃下去了。」啥？吃了啥？上車時我沒給你東西吃啊？駕駛中我怎樣也無法回頭看清楚，只好接連詢問，等停好了車再問清楚時，我整個爆炸了！

小孩手裡玩捏著一個小彈珠，一時興起含在嘴裡，突然一咕嚕就整個吞下去了，天啊！我整個狂吼狂叫，原車連忙衝去就近的急診室！腦袋運轉起身為外科醫師值班時，遇到吞食異物不得不開刀的各種案例。（回憶畫面飛過）都是超糟糕的畫面。

我遇過：精神病患吞了美工刀刀片、刀片卡在胃部還沒進到腸子，怕尖銳刀鋒刺穿所以開刀切胃；誤食了巨大魚刺結果卡在小腸裡、腹膜發炎、腸子幾乎刺破，邊剖腹探查還要趕緊限制好小腸內容物的蠕動怕魚刺被推著亂跑位移；喝了化學藥劑結果反覆血便、預測是某段小腸出血，術前檢查了半天、開了半天抓不到出血點……

我崩潰抓著頭髮大喊！這時候醫療職業病犯起來都太可怕了！我完全不能接受這些慘況發生在自己小孩身上啊。一衝去急診發現：腹部X光看到渾圓小巧的彈珠，已經進到腸子裡了！怎麼辦呢？理智上我知道只要體積夠小，隨著腸子蠕動會跟著大便排出，可是，可是……

可是如果萬一卡在屈氏韌帶（Ligament of Treitz）、十二指腸跟空腸在後腹腔的交界、理論上是腸道最狹窄處的第一關呢？天啊那手術可複雜了。又或是萬一、萬一卡在迴盲腸瓣（Ileocecal Valve）、迴腸進到大腸的交界、腸道狹窄的第二關呢？喔該不會要切到所謂的右半結腸切除術（Right Hemicolectomy）吧！天啊不要！

當時是一整個內心萬馬奔騰啊，無法抑制的連鎖反應亂想亂答，甚至連開刀的副作用都一起想到了然後瞬間更悲傷，整個自己嚇自己。還好是接連幾天後，照X光看到彈珠順利隨著腸子移動，最後消失（推論是在某次排便裡），神經才整個放鬆下來。

小兒誤吞異物處理原則

等到恢復一點點理智之後，我才有腦子確認小兒誤吞異物時的處理原則：

1.先確定異物的性質、時間、進入了腸胃道還是呼吸道。

2.如果進入消化道，大小5×2公分之內的圓潤邊緣、無腐蝕性物體，一般會在一周隨大便排出。

3.如果是進入呼吸道，卡在上呼吸道的話，可用哈姆立克法等幫助咳出；但有時難以發覺，若有懷疑即刻送醫。

這時外科魂上身，突然想到很多古典文學當中的「吞食異物」。比方說：紅樓夢裡的尤二姐吞金自殺、還「掙起來，打開箱子，找出一塊生金，也不知多重，恨命含淚便吞入口中，幾次狠命直脖，於是趕忙將衣服首飾穿戴齊整，上炕躺下了……（隔天）丫鬟聽了，急推房門進來看時，卻穿戴得齊齊整整，死在炕上。」

這段情節到現在仍印象深刻，等到自己成為消化外科醫師之後熊熊想起：「欸？她是怎麼死的啊？」當然知道她是吞了個不小的異物，才需要直著脖子，但是……真正的致死原因呢？異物體積過大、阻塞腸道？那也不會這麼快隔天就死；異物有銳角、刺穿腸道？那也會痛得滿地打滾、不是穿戴整齊；其中注意到一點，生金是啥？查了一下可能是未提煉的化合金屬原塊、甚至可能有其他毒性重金屬成分，不過這樣說的話，也是慢性中毒，應該也會帶有腹痛感吧！

其實不只是中國的吞金自殺，印度也有！某個末代王朝的後代們，居住在頹圮荒廢的王宮裡，就使用了磨過的鑽石粉自殺。這樣看下來發現，自殺百百款，有些就是帶著「有錢就是任性」的風格啊。

總之，不管吞食什麼，都盡量不要最好。

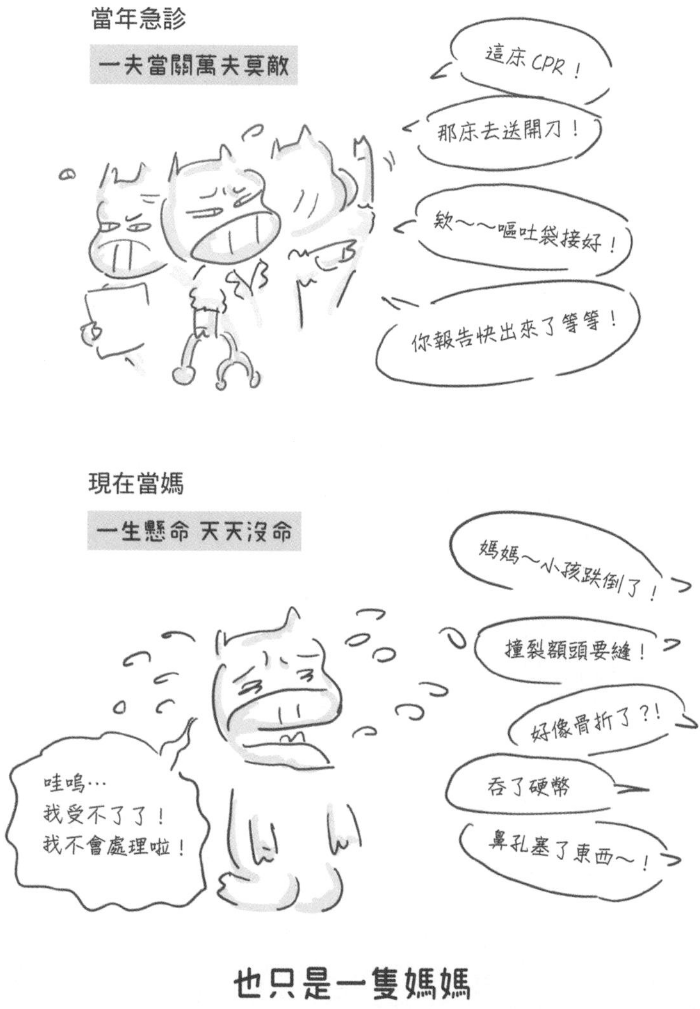
當年急診
一夫當關萬夫莫敵
這床CPR！
那床去送開刀！
欸～～嘔吐袋接好！
你報告快出來了等等！
現在當媽
一生懸命 天天沒命
媽媽～小孩跌倒了！
撞裂額頭要縫！
好像骨折了?!
吞了硬幣
鼻孔塞了東西～！
哇嗚…
我受不了了！
我不會處理啦！
也只是一隻媽媽

最忙的時候，最想便便？

常常在家中出現這樣的場景：媽媽我忙著背大包小包，左手拎水壺、右手夾著鞋子、邊呼叫邊吼著：「要出門了快點快點！老大快點不要再摸了！老二快點（還聽不懂人話一把抓起）！」然後全家趕著穿鞋拿行李開門關門上車亂成一團的瞬間，媽媽我聞到腋下傳來不妙的味道。那是老二阿圓這種小鬼的大便特有的酸奶發臭味。

我一愣，抬頭看先生：「阿圓好像大便了。」先生也一愣，顧不得滿頭汗：「真的嗎？我聞看看。」然後一把抱過老二高高舉起，讓鼻與屁屁齊高……是的，這一點都不噁心，檢查小孩有無大便的最快速度，就是用聞的。

先生安心放下阿圓：「沒有啦～妳聞錯了吧！」然後把東西一個個塞進車上再用力壓下行李箱，「趕不及了啦！快走！」他說，接著把阿圓安裝進指揮艇（安全座椅），再把左右還剩下的空隙塞滿小包行李。

天將降大便於斯母也

我狐疑的看著阿圓，試探問她：「圓圓，妳有沒有嗯嗯？」阿圓看著我一下搖頭然後又點頭……彷彿嘲笑我當她三歲小孩一樣怎麼可能會講話呢？（是啊她才兩歲，最擅長裝作不懂人話）？

好吧！媽媽自己來！我頭湊近阿圓，手一摸，肥肥的屁屁看起來已經吸滿內容物了，但，還是要再次聞聞看究竟是尿臭還是屎臭味，於是用力一～～吸～～

「靠！大便了啦！」這味道很有威力，可以把整車的人員薰到眼淚直流，還可以把媽媽的最後一絲理智都炸掉。我邊吼邊拆行李邊把阿圓抓下來！直衝回家裡「拆炸彈」，邊嗆老公「怎麼會聞不出來？」最後披頭散髮、汗流浹背、眼角不知是淚水還汗水，才又抓著一隻重新洗過屁屁、肥嫩嫩香噴噴的小娃兒上車，通常，已經延遲了出門的準時時刻……

大人最忙的時候，小孩總是要……大家有過這樣的經驗嗎？往往愈是危急、行程愈是忙碌的時刻，小孩就會「要大便」：要出門坐車車囉！「要大便」；要趕火車趕飛機囉！「要大便」；要旅館退房要排隊上巴士囉！「要大便」。真是天將降大便於斯母也，必先苦其心志。

而往往這些大便的源頭，也就是在那邊蹦蹦跳的小鬼頭，在家沒事的時候，問「要不要嗯嗯」？「不要」。甚至我拿這個畫了個小短篇漫畫，想說可以拿「出門坐車去玩」當成小鬼

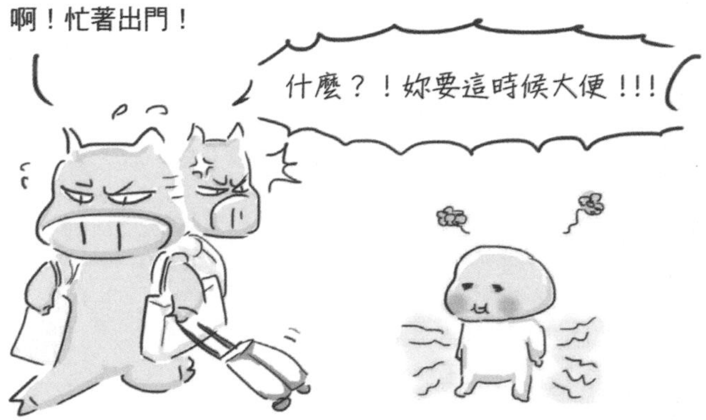
啊！忙著出門！
什麼？！妳要這時候大便！!!

啊…老公幫我拿新的尿布！
我正好要去大便!!
喂 !!!!!

頭的便秘解決良方……意外激起了各家人母的憤恨談（笑）。

老公「屎遁」更不遑多讓

然後，眾人討論之下發現，老公也不遑多讓。「老公」這種生物，只要在「被交代了某件工作」之後，就會「屎遁」。比方說有一次，我帶著老大洗澡完在吹頭髮，在隔壁房間交代先生：「阿圓衣服我脫好了，你抱進去浴室洗澡吧。」遠遠傳來先生的一聲「喔～」後，待我十幾分鐘後吹完老大的長髮轉身回房，「什麼！」（倒退），一隻光溜溜的阿圓還在房間內，剛剛答應要抓小鬼進去洗澡的那個騙子呢？四下張望看嘸人，我大聲呼叫之後，廁所悶悶傳來聲音：「我在大便啦……」

這種事情多了之後，我開始相信，大便這行為有某種舒緩身心、逃避現實的魔力。而且，有了大便這個免

媽媽！妹妹打我！
&@$#^*@$#%
呼…大一下…
好啦！來了！
夾斷!!!
唷呼～～
我是便便精靈
嗚嗚…

死金牌，崩潰的媽媽只能在旁邊跳腳，馬桶上的那位仁兄可是樂呵呵滑著手機呢！

果然，一問之下，幾乎所有的家裡都有這種「屎遁」兄。甚至國外還給這些爸爸們做了個貼圖：「當你叫先生做家事時，他們熊熊就想去大便。」這果真是充滿國際觀的世界共通語啊！

讓腸道加快蠕動的元兇：壓力

面對一家子弱化的括約肌，外科媽當然知道這裡頭的作用機制。簡單說，腸子的蠕動是兩套神經交互作用，分別是：「交感神經」負責抑制蠕動；「副交感神經」加快蠕動。當緊張、激動、有壓力時，交感神經的作用下降，副交感增強，就讓人會有想大便的感覺。

通常這如果只是輕微的還沒關係，有些人嚴重的話，還會合併腹痛、脹氣。這些就要到醫院進一步檢查。不過我今天不只是要說這些。關心了老的小的括約肌之後，遇到事件就弱化，似乎是必然趨勢。

反之，我們來看看媽媽的括約肌，一天過的是什麼生活？我們能看到這樣的情景：媽媽好不容易進廁所想要大便了，屁股一坐下，馬上門外就傳來打架聲或吼叫聲或摔落聲或爆炸聲，總之，就是會有各種突發狀況，然後，一定，一定，一定要媽媽去解除。

媽媽如果對著門外吼：「老公你先處理一下啦！」就會得到先生回答：「不行啦我不知道小孩的頭髮要怎麼綁。」或者是媽媽吼著：「姊姊你不要跟妹妹搶東西啦！」就會得到老大哭腔回答：「可是我不要妹妹拿我東西 #$@$&!#%&@@」更別說對那個兩歲還裝作不懂的阿圓說話……媽媽的括約肌超有力，最後只好屁股彈一下（ㄉㄨㄞ～～）馬上起來，趕快隨便收拾一下衝出去解救外面即將崩毀的世界。

這樣鍛鍊下來之後，媽媽的括約肌都超～有～力！因為，不管解便進行到什麼程度，都隨時要夾斷！隨時要夾斷！隨時要夾斷！邊衝出去邊感受著斷頭的便意邊唱著「讓我們互道一聲晚安～送走這匆匆的一夜」退回屁股深處！不知何時才能有空重新感受（泣）。

這還是小孩比較大了之後，當年鬼頭小，整個黏巴達，甚至連媽媽進廁所都要跟，常常大人脫了褲子坐在馬桶上，大眼瞪小眼，然後小手就開始……扯褲頭。「不行！」摸馬桶。「髒髒！」翻垃圾。「啊臭臭！」媽媽的上半身要用最大半徑範圍把小鬼拉回、絆住、扯下，整個下半身根本無法放鬆，最後也是落得一個便便退場，搭著〈晚安曲〉背景音樂。

當爸媽的每一天，除了關心小鬼的屁屁，也要記得關心一下另一半——「你今天的括約肌，過得好嗎？」

驚訝蟯蟲、讚嘆蟯蟲！

還記得在兒科實習時，屢屢感受到人體免疫力脆弱時，就如同一塊待侵犯的肉塊，各種病毒啦、細菌隨著季節更迭輪流報到，而且我小時候沒有，現在還多了「腸病毒停課一周」的可怕宣告。（那以前我們是怎麼撐過來的？） 只是，當家裡的小孩上小學後拿回來了「蟯蟲貼片」時，我整個超驚訝的！沒想到幾十年過去了，當年的東西現在還在！連中央的尖毛娃都沒變！討論之下，網友們紛紛獻策小時候是怎麼「陽奉陰違」亂黏一通交上貼紙的：一、隨便揉一揉看起來有弄皺就交。二、黏自己的雙手或大腿。三、黏牆壁（看到這相信很多醫檢師都搖頭，但後面還有更扯的）。四、黏狗的屁股。（喂！這樣好嗎？）

不過我還以為自己「當天早上到學校發現漏黏，趕快一次黏完兩個綠色圈圈」已經很夠了……還有不少網友分享了「綠色玻璃黏貼紙」的另類玩法：

有把貼紙黏在雙眼上的，彷彿當作最炫最潮的配件。

也有長大後看到星X客連鎖店咖啡的封口貼紙馬上就聯想到的……甚至還有搞不清楚用法，黏了整坨黑黑圓圓壓扁了的大便來的……

就在一陣爆笑中，我驚訝發現：「等等，兩天黏完之後，中間的透明層要拔掉，兩邊互黏?!」才在跟民眾宣導使用法的我，整個驚呆了!當初一拿到使用說明就丟一邊沒看，現在趕快衝回去再瞧一眼，真的!天啊!我整個錯了幾十年!現在才知道……所以，今天要來好好的介紹（反省）一下，到底黏屁屁做蟯蟲檢查是在檢查啥?

蟯蟲是啥?

蟯蟲是一種寄生蟲，關於寄生蟲大家要有一個概念，牠在一生當中有很多狀態，有蟲卵狀、也有成蟲狀。通常卵比較堅硬、耐乾旱或外界環境，而一旦卵進入到了適合的「寄主」體內，就開始孵化成蟲，然後產卵繼續下一個週期。所以大家在看寄生蟲的圖解時，常常會看到一個個的循環圓圈圖，就是用這些蟲蟲的一生來做說明。

蟯蟲成蟲本身長的小小白白，顯微鏡下看蟲卵則是橢圓形、一邊稍凸，這也是各位肛門黏貼完之後由醫檢師要在顯微鏡下尋找的東西。

蟯蟲為啥會傳染？

對於蟯蟲來說，汙染的下水道、戶外環境中的土壤，都是蟲卵可能會存在的地方。那是怎麼進到人體的？所以說有句老話「坐地能吃土」（不要問我怎麼來的），就很貼切的描述了關於寄生蟲學很重要的另一個名詞「糞口傳染」。

「什麼？我怎麼可能吃人家的大便？」當然不是直接吃，而是戶外環境中有接觸到這類汙染物後、又被手摸到，然後吃下肚。所以撇開台灣的無美感小童，可以看到世界各國用來解說衛教的圖片，都有一個特色：那就是「手不乾淨時吃東西」。（各位媽媽還不快拿出諸牌消毒劑噴！）

懂蟯蟲的一生，才能避牠一生

當年寄生蟲課，老師講過：「要懂牠的一生，才能愛牠一身。」（老師，我已經被嚇到不敢吃白帶魚了，其實不想愛這些蟲蟲。）蟯蟲呢，觀察牠的生命週期，就會驚訝蟯蟲、讚嘆蟯蟲，是非常巧妙又完美的設計啊！怎麼說？現在流行「同理心」，那就從蟯蟲的角度來看牠波瀾壯闊又令人感動的一生吧。首先，蟲卵產出之後，可以在自然界活到三周，牠必須要躲小手要隨時洗乾淨，很重要！

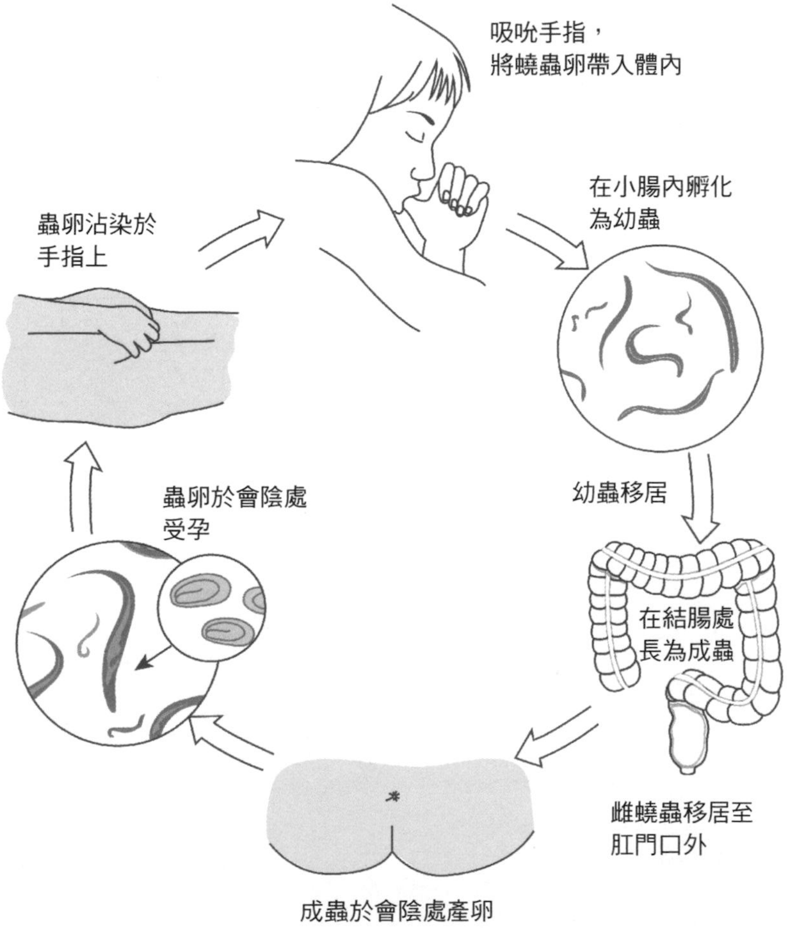

（圖片參考：tumblr）

在土裡、水裡（蟯蟲寶寶好怕寶寶不說）等待在這時間內被吃下肚，然後蟲卵躲過胃酸的攻擊、在腹腔內移動到最適合的微鹼性環境A.K.A小腸開始孵化，直到成蟲發育大約要一個半月時間。這期間藉著吸收人體腸壁的血液長大，雄雌交配後、雄蟲死亡，接著雌蟲在夜間爬出肛門產卵（老公～這些都是你的遺腹子～），有多少呢？數量一次兩萬！（哇～～）

而蟲卵在空氣下，約莫四到六小時就可以具感染力，這時候如果人類感覺到肛門搔癢，伸手抓搔、又反射性的啃咬手指時，便成了一個「完美的周而復始」！有沒有，請鼓掌！簡直就是為了「人類小屁孩」設計的完美週期。而且萬一小屁孩摸了衣物、家具，還可以傳染給全家人呢，也不枉費「人類」為蟯蟲唯一寄主了！（其他很多寄生蟲還有中間寄主，如牛狗貓豬魚螺什麼的），也是當年寄生蟲學最好考試的一張Life cycle（那些第二、甚至第三中間寄主的去死啦！拉丁文已經夠難背了好嗎）！

感染蟯蟲會有啥症狀？

知道一生，就能愛牠一身。感染蟯蟲的症狀，輕微程度最常見就是肛門搔癢、肛門口或糞便看到白色細小蟲體。記住，這是人的。

蟲卵不是肉眼可見的，必須靠顯微鏡。有時候嚴重時，會輕微腹痛，消化不良，體重減

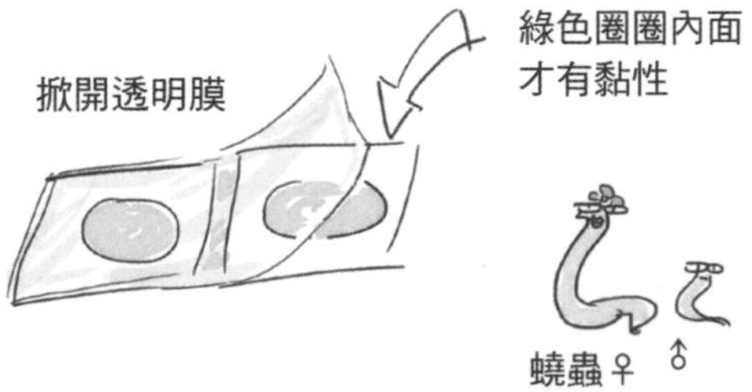
綠色圈圈內面
才有黏性
掀開透明膜
蟯蟲♀
♂

一早起床還沒如廁前
先黏「肛門」
產卵
產卵

兩天採檢完成後要
「對黏」
「對黏」
「對黏」
什麼？！我從小到當媽了都搞錯？！

醫檢師辛苦了！大家一同消滅蟯蟲吧！

輕等等，甚至是成蟲誤入陰道造成陰道炎。

黏屁屁檢查要怎麼做？

這就是重點啦！很多台灣的家長（甚至連我）都不是很看得懂（或沒細看）貼紙附的尖毛娃解說圖，所以我找了世界各國對於蟯蟲的黏貼檢查說明圖。查了一下才知道，綠圓圈玻璃貼紙，根本是台灣的國寶!!因為世界上普遍使用的，是更基本的「載玻片＋膠帶＋壓舌板」組合體。這有一個好處，壓舌板較容易捅屁屁（笑），不過如果是在台灣要發這些配件讓大人自己組合……還是綠色玻璃貼紙方便！而且綠色貼紙的設計是兩日採檢（左右各一），可以增加準確率，又輕便好攜帶。所以，各位家長不要再（像我一樣）搞錯了用法好嗎？（反省中）

如果透明膠膜沒拆會怎樣？

是的，這也是我搞錯了三十幾年的地方。特地問了醫檢師們，有的表示說「沒拆透明膠膜，不影響判讀，只是會增加要鏡檢兩遍的時間，所以有時候我們會幫忙拆掉之後兩面相黏再看」，也有的說「太忙、沒空再對黏，就看兩面」。原來如此……希望大家配合，舉手之勞，減低判讀人員的負擔啊！

黏狗屁股看得出來嗎？「廢話。」醫檢師們一句話回覆。原來動物的毛、膠面有沒有黏過皮膚，這些都是看得出來的。所以那些黏牆壁黏手臂大腿的（邊看網友留言邊扶額），就不要再挑戰醫檢師們了（握起雙手），而最重要的，這些亂黏的，其實是自己放棄了「治療的機會」！

當然，有時候遇到那種「全部空白」的，又剛好醫檢師佛心來著，會註記「退件」重來，但有時候整個縣市的業務量大到驚人，不要這樣來亂啊～～還有很重要的，「重點是要黏肛門，不是黏大便！」（醫檢師們的集體怒吼～～）

如何治療？如何預防？

簡單，吃藥就好，而且要全家人吃藥。（蟯蟲媽媽崩潰……）完美的生命週期設計，卻不敵治療效果，也難怪蟯蟲一下子要產那麼大量的卵囉，亂槍打鳥，也是種方法。

此外，勤洗手，避免啃咬手指，在戶外接觸後常保消毒雙手的習慣，就能預防感染蟯蟲。

認真幫小孩黏屁屁

這也是很多爸媽疑惑的：「幾十年時間了，台灣還有蟯蟲？」其實還是有的。以台北地區為例，感染率明顯有下降。

而二〇一五年以台灣東部地區單一小學的整體陽性率為3.47%。以區域別比較，平地區感染率2.87%；山地區陽性率8.56%，顯著較高。其實近幾十年來台灣衛生環境進步，其他寄生蟲如鉤蟲、蛔蟲、頭蝨等等，已經少見。大家還記得小時候聽長輩說過，長頭蝨要用殺蟲劑噴整頭、或是咳嗽咳出蛔蟲的恐怖故事吧！（舉手）

希望將來蟯蟲可以徹底從台灣絕滅啊，我不希望當了阿嬤還在幫孫子黏屁屁（笑）。這些都需要大家的努力，培養良好的衛生及消毒習慣，以及城鄉差距的改善。各位已經當爸媽的小時候調皮就算了，但自己小孩要認真幫忙黏屁屁啊！

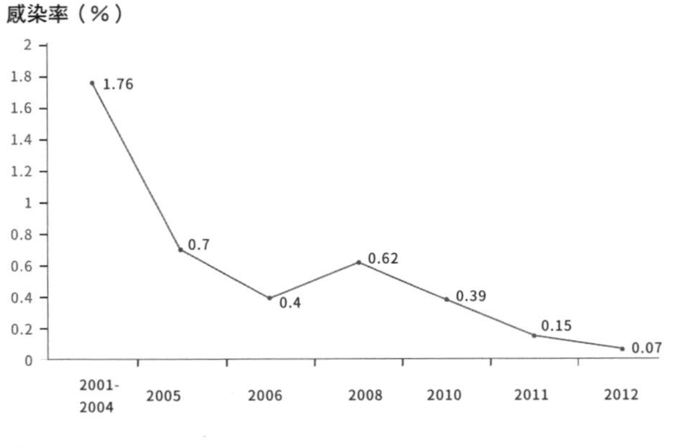

統計近十年來台北市學齡前學童感染蟯蟲之情形。

（圖片來源：台灣路竹會）

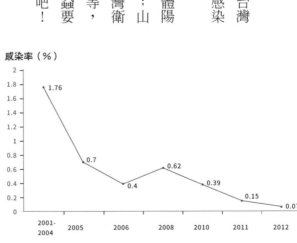

萬能無底洞之媽媽包

媽媽包都好醜唷！而且幹嘛一定要那麼大？當年在手滑瞎逛婦幼購物網站時，心中浮現的聲音，現在我要誠心懺悔……偶臭了（我錯了）！

不知道大家有沒有這樣情形，全家出門時，媽媽很自然就變成了人肉置物架（笑），一下子老大吵說她手拿了好久的東西會手痠，明明再三告誡過她自己硬是要選拿這些東西出門、就得自己負責，但一到了兒童遊樂場，放飛的瞬間，媽媽只得嘆口氣把東西收進包包。

要不就是老二，開始會學姊姊動腦筋了，只要看到別人有吃有喝的，或是踏進了便利商店有涼的有甜的，「媽媽，我會口渴肚子餓」，就是想要討吃的，為了防堵這種情況，媽媽嘆口氣翻出包包底壓箱糖果餅乾說：「不要隨便亂買又貴又吃不完！」

於是，出遠門的時候，媽媽包就變成小叮噹口袋，能收容萬物，又能在適時的時候掏出法寶。隨著行程愈走愈遠、包包愈長愈肥，最後再秀氣的淑女造型設計包包，都會灌風變成像氣球一樣圓滾滾！

這種情況下，根本就不會在意美不美，只要愈大、愈輕、愈多空間、愈能防水、最好還能長出翅膀像空拍機一樣自行飛行、減輕背負者的重量最好！

於是乎……很多東西一收進背包裡就成了時空跳躍的平行世界，再也沒有出來了。常常愈背著包包愈覺得疑惑，裡面是裝啥重成那樣？

一打開來，發現了不知道放多久的甜甜圈……還好看網路長知識，知道高溫油炸又糖漬的東西不太容易會壞（拍胸口貌）。

才剛高興完背包減輕了一點重量，就又發現不知道放多久的雞塊（默），嗯……據說高溫油炸過後幾近脫水的雞塊也不太容易會壞（心虛）。

才剛這樣想，一轉頭，就發現打算晚一點拿去廚房丟的雞塊，正在蜜蜂先生的嘴裡被咀嚼中！

我：「！！！」（目瞪口呆、為時已晚、不知該怎麼解釋好還是不解釋好。）

我：「……你吃掉了嗎？」

蜜蜂：「嘿呀，怎麼嗎？」（咀嚼）

我：「……沒事……」

默默轉頭，心想，難怪蜜蜂先生的腸胃在婚後愈來愈不好（喂），結果話才剛說完，蜜蜂先生就中鏢了（XD）。

物品在媽媽包內空間迷走

此外，媽媽包裡的神祕空間，還常常會有意外驚喜出現。

醫師每天看診需要一張醫師人員證，那證件簡直就是我們醫師的本體，人到了不算，要證件到了開診連線才真正算數！

這麼重要的東西，結果我就搞丟了（大崩潰）！一搞丟，接連被各單位追殺！工作人員追問、診間人員追問、連卡片審核的中心都來詢問，可我就是找不到啊！不是不能補辦，但補辦了之後舊的就得失效，所有登記有醫事人員卡的單位都得更新資料，而承辦人員說：「通常我們的經驗，常常在一周左右那卡片就會從不知道哪裡掉出來，醫師妳再找找看吧！」

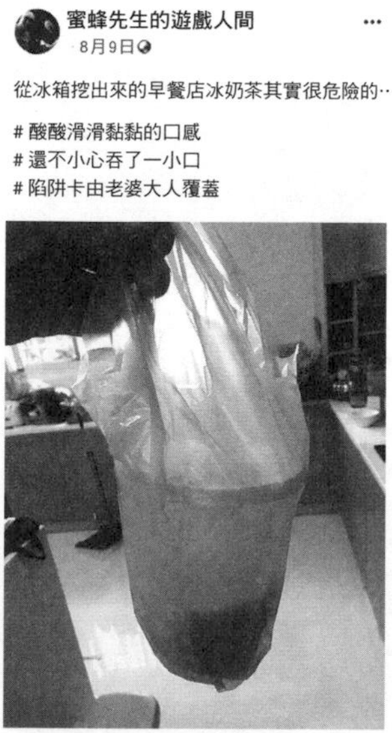
蜜蜂先生的遊戲人間
8月9日
從冰箱挖出來的早餐店冰奶茶其實很危險的…
酸酸滑滑黏黏的口感
還不小心吞了一小口
陷阱卡由老婆大人覆蓋
（圖片來源：蜜蜂先生 FB）

結果事隔一周，我受不了了，所有需要醫師人員卡進行的電子連線動作都無法完成，硬著頭皮補辦下去、繳了補辦費用，果然，隔天！（小叮噹寶物配樂）那卡片就從媽媽包的角落裡掉出來了！喔我當下真的是沒差點哭出來。

舊卡你要嘛就乾脆消失去哪個角落修練成精算了、要嘛就早點出現，現在老娘錢已經繳了、新卡已經到手了，要你還有何用？（哭）

因為自己收納太多東西，常常出各種包，所以開始試著讓孩子自己背自己的小背包，也希望她們以後不要像媽媽這樣糊塗啊～～

來吧！我們一起來抓寶

「夭壽唷！半夜那公園滿坑滿谷的人！都不知道在幹嘛！」

「新聞都說好像僵屍，我看都電動沉迷了啦！」

「不是還有老師跟家長嚴禁小孩玩嗎？到時候我看開學了怎麼辦！」

「對啊！會不會有什麼宅男玩家就這樣闖入學校啊？」……

隨著新的手機遊戲上市，掀起了一股熱潮，也漸漸出現了上述的反彈聲，不管在讀者耳裡聽來是贊成還是反對，愈來愈多人逐漸被捲入這個遊戲之中。我們家也不例外。身為工程師的先生，則是一馬當先就下載了遊戲，順手也幫我的手機安裝好程式，我看著確實是滿有趣，也有一搭沒一搭的跟著玩兩下。

先簡單為還沒接觸過的人說明一下，這是結合 google map 的抓怪手機遊戲，抓到各種妖怪、訓練之後互相比賽，贏的可以占領擂台換金幣累積禮物，如同二十一世紀版的「抓蟋蟀」。

工程師老公「現寶」數學力

我玩的時候，邊跟先生散步、討論，邊往人潮集中處移動，因為同地點同時間眾人拿起手機，都會看到出現大大小小的妖怪，眾人歡呼或是忙著滑動手機，畫面非常有趣。甚至幾次之後，我們會牽著阿寶的手一起去「散步」！這遊戲的絕妙之處就是，它設計要以每小時十公里的速度緩慢移動，也就鼓勵了更多人步行。

每次先生飯後空閒時間這樣大聲宣布，我就會邊笑邊挑眉，知道他又要去「順便抓怪」。而抓怪的過程，會分享給阿寶看，跟她介紹各種怪的不同屬性，或是藉機教她什麼叫「半徑」、「圓心」。「妳看唷！畫面上在走的人就是圓心，她是不是朝周圍畫出一個圓？這個距離就叫半徑，旁邊的牌子如果碰到半徑，就可以翻寶物唷。」

小孩沒有什麼既定印象、對任何事物都好奇又能吸收，這款遊戲當中有滿滿的各種數學問題、甚至生物介紹，都可以藉機讓小孩認識。比方說，數學方面：「想要在兩個牌子之間，選定一個位子可以固定翻牌，請問要站在哪裡呢？」就是所謂中位數；或是「為什麼挑戰擂台時，自己派出的怪獸跟對方一相比CP數值大小，就可以猜到輸贏呢？」就最直接的比大小囉！

甚至還有生物方面的知識：「怪獸從小進化到大，形狀都會改變。」當然就是所謂「完全變態」。更別說選擇出場比賽順序的怪獸，需要依據屬性跟順序做調整，決策、判斷，而且離開戶外回到家中之後，還能持續遊玩，有比這遊戲更健康的嗎？

君不見，戶外並肩行走的有多少是父子檔、爺孫組，甚至全家出動。看著我身旁一對兒子應該已上高中的父子檔，互相熱烈討論，我想如果不是這遊戲，有多少上高中的兒女會願意跟著父母飯後散步呢？那為何，還有文章最前面那麼多的質疑聲音？甚至最後還會扯上台灣的產業退化、階級的世代鬥爭……等等？

連憂鬱症患者也願意走到戶外

除了人的天性「對不了解的東西加以懷疑」，會隨著年紀故步自封，變成「對學習不來的新東西加以排斥」，而各媒體又推波助瀾之外，我覺得還有一點很有趣，那就是這個遊戲熱潮，是非常難得、顯而易見的，不再是僅由青少年主導的「不知道在幹嘛、反正算是次文化」，而是連很多成年人，不論上班族、教授或醫師、司機或病人，都一同起身玩遊戲。

開刀房裡有外科醫師在抓；推出包計程車可以沿路抓怪的司機們；憂鬱症多年的病患終於離開房間到戶外散步、然後父母發文感謝遊戲公司。其實認真環顧四周，大家在玩這遊戲時，只要不干擾正常作息、不成癮，是真的開心的。

我先生跟婆婆就為了這遊戲吵到臉紅脖子粗，相較先生是遊戲本命派，婆婆一貫不玩也討厭電動遊戲。據說先生從小就為了電動跟婆婆大決裂過！但是決裂之後，更堅定先生自己要往工學院的路線，甚至後來待過遊戲公司，都讓我好生佩服。

總之，曾經聽過先生轉述婆婆如同最剛開始那些反對的言論，我沒太在意。等剛好聽到他倆對話愈來愈大聲時，我開始用說故事的方法，簡單講了一下遊戲原理，然後分享還有憂鬱症患者因此願意去戶外走動、或是遊玩過程中的各種小趣事。

婆婆是很明理的人，聽著也覺得頗樂，慢慢也不再把滿街頭低頭走路的行人畫面當成恐怖畫面在看待。她本以為電動就只有小孩子在玩，沒想到現在已經跨年齡層到連她的朋友們都有。當這個事情從「囝仔代誌」就可以當作不存在，變成連周圍都已經「不得不去注意」，如果又缺乏適時的解釋者，相信只憑長輩一己之力，是不可能理解遊戲有多正面的。

適時體會一下對方的想法，然後找個比較不會挨罵的角度切入。對於較強硬或是姿態較高、接受度又低的對方，有時要轉換一下腦袋，用軟性一點的溝通方式，是這個遊戲給玩家們的另一個戰場。

又到了帶兩小出門「散步」的時候，扣好安全帽扣環，小心避開肥嘟嘟的嘴邊肉，用開放的心胸，一起去抓怪吧！

拆炸彈般的辛苦安全帽

夾到肉了

大手拉小手，一同出遊去

兩小娃在家裡，呱呱亂叫亂跳，眼見所及皆為崩塌的衣物跟被單……閒在家中時間太久了嗎？這時候拿出車鑰匙，一家老小出門開心轉換心情吧！

出門時的信心度，如果跟打電動一樣能夠有個「HP生命值」，想必很多人會在準備出門那一瞬間達到滿滿破表的程度！只要是想到「啊！暫時可以逃離這滿目瘡痍混亂的家了！」那種換環境的全新期待感，就可以讓每個媽媽奮力的背起重達七、八公斤的媽媽包、右手扛一隻小鬼頭、左手勾起嬰兒車，以千軍莫敵的姿態衝上車去！

但完全沒想到，出門在外對於生命血量的耗損程度更是劇烈（笑），諸多不可思議的事情也都是這樣發生的。跟另一半的磨合、現實跟計畫差距衝擊……等等，超多超乎預期的情況發生！

狀況1 遠行前一天之睡眠打包行李法

隔天要出遠門了，兩小鬼精神好到呈現核融合狀態不停發功跳蹦，而行李呢？行李還空蕩蕩的完全沒有收啊！在我們家裡，先生跟我很早就互相見識過對方「收拾行李」的功力。先生是會用一個個行李內袋，把所有大小東西都拆掉包裝、分門別類一一整理好，裝得清楚整齊的不得了！就是那種，萬一在半路公開場合要打開行李翻找東西，也不會丟臉，還甚至有點小驕傲：「看！我收得超漂亮！」

至於我的收拾方式呢？哈哈！我先說好，我是「非常不會收拾家務」的達人（笑）！棉被？睡了還要用，幹嘛折呢？褲子？脫了還要穿，幹嘛掛呢？基本上我是每個居家人心中的噩夢，所以，我收行李的方式也相當隨興：質量不變原則，同樣重量，同樣體積，塞吧，狂塞用力塞！塞完之後蓋不起來？那就一邊膝蓋壓著一邊把拉鍊拉上……老公看過之後，邊含淚邊自己把整理行李的工作包下來了，所以就會出現這般畫面——我累睡在滿床攤開待整理的凌亂物當中，然後先生整理一夜，隔天醒來～～哇都整理好了呢。看！這招睡眠整理法是不是很神！

狀況2 是誰的便便？

當然也有自己這個身為媽的，逃不掉躲不開的時刻。曾經一次帶全家跟朋友外頭吃飯，小小隻的老二已經吃飽坐不住了亂叫，大大隻的老大還規規矩矩的正在吃飯中，偏偏小的要找大的玩、兩個互相拍鬧、吵架。像這樣的時刻，我跟先生就會分開行動，一個大人分配一個小孩，分頭帶開。

先生自告奮勇先帶小的出去溜達，我安撫老大繼續吃飯，享受片刻稍稍的寧靜，與朋友安心的閒談著。

約莫十多分鐘過去了，老公帶著小小隻散步回來，我倆像是接力賽交棒一樣，換先生坐下來吃飯，我起身陪小小隻……說時遲那時快，我抱起小小隻時明顯聞到一陣臭味！媽媽立刻神經反射：「不對！這不是我們還在包尿布小小隻的大便味道！」

馬上把小小隻高舉、嗅嗅她的屁屁味道：「真的不是尿布裡的大便味。」這才放心把小小隻抱坐在胸前時……濃濃的味道又飄來了！我驚問：「你有沒有聞到什麼？」先生：「？蛤？」我邊轉頭邊上下旋轉小小隻、不顧她吱吱亂叫邊聞：「有一個大便的味道，可是不是從屁屁來的！」

先生這時才恍然：「咦，好像有！」只見味道愈來愈濃、卻百尋不著源頭，這時我大叫：

「啊！鞋底！」原來，小小隻的鞋底踩了滿滿的狗～大～便～～有多滿呢？滿到連鞋底的縫都滿了。

我跟先生馬上彈起來，我如同夾橄欖球般夾著小小隻在腋下、先生抓住狂踢亂揮的小胖腿、直衝廁所！餐廳裡為了氣氛，昏暗的燈光還看不完全，等到了洗手台燈光一照……媽呀！我整個暈倒。鞋底、邊緣、連襪子都有！再看，我的衣服也都抹上一大片！

抓著小胖腿脫鞋脫襪之後拚命洗，先生還要回桌邊跟客人道歉，撤下來的鞋襪還沒洗乾淨，然後大大隻又擠過來說要幫忙……一團混亂。

在洗手台上要壓制小小隻、還邊找不到洗手乳的媽媽我，超想哭的……慌亂中，我

聽說隔天要出門

行李空空還沒收

有人頭痛裝睡去

反正自會有人收！

（好孩子不要學）

說：「你們是怎麼散步的？怎麼會踩到狗大便不自知呢？」先生：「我怎麼知道小隻的會去踩……」我：「你看到地上有就要閃啊……」先生：「我有閃啊！」

誰管你有沒閃，要幫小朋友看路啊！媽媽簡直氣到要吐血，真想直接拿鞋底貼在先生臉上。還好餐廳的服務員也是個媽媽，非常體貼我們，讓暫時沒鞋襪可穿的小小隻直接赤腳亂跑。而臭爆了的鞋子就用餐廳提供的「外帶盒」裝回家了……

爸媽出門必備：超強心臟和高ＥＱ

和這頓飯被攪到可能沒啥食慾的可憐客人道別之後，我轉身才正要繼續算帳呢。

先生：「是說我覺得『媽媽』果然很厲害。」

我：「啥？」

先生誠懇貌：「不是我們家小小隻的大便味妳都聞得出來！」

哼哼，那當然！這次就……就幹嘛來著？咦？我本來剛剛要念啥？

算了，總之，出門在外，永遠有出乎意料的突發狀況，考驗著爸媽強健的心臟，跟超越自身的ＥＱ極限。儘管每次都累到只想回家趴著不動，埋在依舊混亂的家務堆中，思索究竟為什麼要把自己搞得更累而出門……但是只要一說「出門玩玩囉！」全家人還是會：「耶！」

大人小孩都有會怕的東西

老二阿圓天性跟老大差異很大，尤其在睡覺時顯現更明！往往好入眠、睡了之後安安靜靜的老大都已經夢到不知幾重天了；老二還在翻滾、反覆爬起、抱娃娃，要不就是用各種藉口讓大人忙進忙出：口渴想喝水、想尿尿想大便、娃娃掉地上找不到……。

對於打算讓小孩上國小後自己睡兒童房的我們，常常就是耐性磨到最後狂吼：「不要再出聲了！」畢竟哄睡小孩後，大人還能有少少的難得空閒時間回到書房，總算可以坐下來整理一天累積下來的雜事，可是萬分難得的啊！

偏偏就這時候，以為老二也跟著入睡、夜深人靜、身心放空的時候……背後房門口傳來幽幽的一聲：「媽媽我睡不著……我怕黑……」

媽呀！（整個人彈起）老實講我被嚇過好幾次，搞到最後有時候我坐在書房裡，都會提心吊膽的不時回頭窺看後方有無小小身影無聲出現。

對於小孩睡覺前怕黑，我們試過幾個方法，包括點盞小夜燈、牆上黏貼夜光星星貼紙，讓孩子睡前聽故事……等等，希望增加房間燈光變暗時的趣味度跟安心度，有時有效、有時無效。都只能每次見招拆招，反而是先生，對於老二會怕黑這件事情有時比較沒耐性，會吼小的硬要她回去躺。

這時我多少會改用接力賽的方式，由我跟先生輪流回床邊哄睡老二。

對於孩子天生的恐懼，我希望是用溫柔的方式化解。因為我自己就是對於黑暗恐懼完全沒輒的人。

是的！儘管我自己已經是大人了，對於恐怖片、驚嚇、異形、靈異……等等根本毫無招架之力。

這點就常常讓我回想到以前學生時代，常常需要一個人在其他家人全睡著、萬籟俱寂的夜晚挑燈夜戰，搞到最後一個人愈來愈害怕，好不容易躲上床睡覺時甚至會嚇到不敢翻身。無限放大的幻想力會想著：搞不好我轉身了面牆背對房間、背後的空間就會有靈異現象出現，或是某一疊報紙就會自己浮起被看不到的影子閱讀……之類的。有時候甚至演變成嚇到失眠熬至天亮、或是在南部悶熱夜裡沒吹到電扇的那一側身體汗如雨下卻不敢動彈，痛苦無比呀！

到底自己為何會有如此恐懼呢？老實講也說不清楚，開始有深刻記憶，是自己識字了喜

看完恐怖片後遺症

歡讀書之後，往往去書局就會找那類《百鬼夜譚》、《西洋百大鬼故事全集》、《寰宇搜奇》等等的書來看，在想像力無比放大之下，看完都會有這類的後遺症。

當時爆紅的恐怖片《七夜怪談》，我當然是不可能會去電影院看了，但是光聽同學繪聲繪影描述劇情，我足足就有一個禮拜不敢經過電視螢幕或鏡子前面。

而膽大的老弟開心狂看電視播放《異形》全系列片從早到晚，他看得可是暢快淋漓，苦了我經過客廳電視前得拿張紙把螢幕遮住才能通過！

我：「你到底為什麼要一直看這異形噴汁爆漿黏液的啦！！」（手顫抖遮著快步通過。）

弟：「很好看啦，齁唷～妳不要擋啦！」

對於血水反而不反感

話說自己當了外科醫生之後，對於血水反而一點沒有反感，器官、體液，日日職業正常處理，真的完全沒有恐懼感過。所以，對於那種看到針頭冒一點點血就暈倒的人會非常無法理解。

或是說自己完全不怕的蜘蛛，竟然是蜜蜂先生的必殺死穴！對於躲在房間角落、必須要等到我下班幫他打死才一公分大、細小蜘蛛的一介男子，真的會啼笑皆非。

恐懼的這情緒，其實結合了先天與後天。先天包括，人類穴居時代的遠古記憶，對於黑暗或是突然跳出的未知生物，會有著戒備與恐懼的反射，畢竟可能一不小心就成為猛獸的獵殺對象！而後天部分，很多時候是孩子們跟大人學習的，看到大人的反應、加強了印象後，慢慢變成自己的恐懼。

但是，不要因為自己的無感而來否定對方的感受。我都已經是大人身分了，看了超好看、結合恐怖跟揭露歷史真相、探討轉型正義、最後超療癒的電影《返校》，回家也因為恐懼的餘韻，僵化了一整晚無法自己獨處，硬是抓著蜜蜂先生到處移動，他要進廚房我就進廚房、他洗手我也跟進洗手間……簡直像鯨鯊身上那黏緊緊的鮣魚，過了一晚這情況才平靜下來。

再回來看到因為怕黑而哭醒的老二，嘆口氣，還是好好的安撫一下，畢竟很多時候孩子的要求只是一時撒嬌罷了！拍拍、抱抱、親一下，趕走恐懼，看懷中的溫香肉團子入睡後一個翻身又開始踢被、翻滾，也是專屬於這個年紀的幸福。

CHAPTER 3

家庭性教育，我是這樣教

女性的胸部，你眼中所見的兩團肉

讓太太們開心的「祭肉文」，使我最近的臉書粉絲專頁非常歡樂。女性喜歡看的猛男圖，要拿捏各種巧妙的平衡，顏值要有、肉質也要上等，那種欲蓋彌彰、點到為止、欲言又止的最好（笑）。身為人妻及媽媽，忙碌一整天，這種小小的樂趣不無增添歡笑！尤其看到各種留言當中好康道相報、呼朋引伴的陣仗，更是讓我笑開懷。

在滿滿私訊到近乎灌爆的投稿當中，最近接連出現這篇文章：BBC中文網「人類乳腺管照片『嚇倒』網民」。這篇文章一出來，身為乳房外科醫師的我，被tag了不下十幾次！

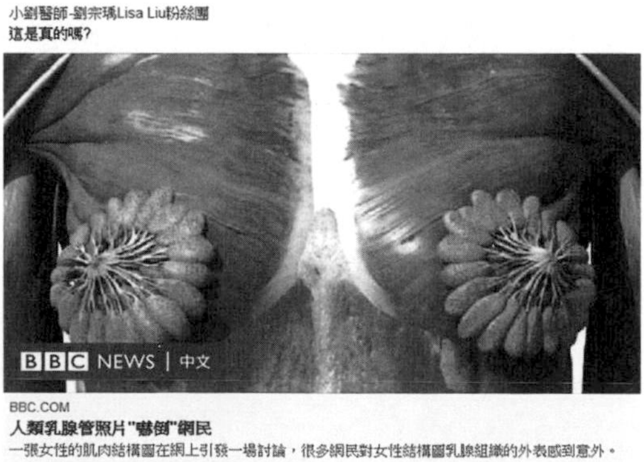
小劉醫師-劉宗瑀Lisa Liu粉絲團
這是真的嗎?
BBC NEWS | 中文
BBC.COM
人類乳腺管照片"嚇倒"網民
一張女性的肌肉結構圖在網上引發一場討論，很多網民對女性結構圖乳腺組織的外表感到意外。

（截圖來源：小劉醫師－劉宗瑀 Lisa Liu 粉絲團）

老實講，相較於一般民眾「嚇壞了」的反應，我才是被「嚇壞了」呢！被「大家居然可以被嚇壞」而嚇壞！這不就是很正常、每天日常所見、乳腺組織的照片嗎？怎麼還會有人不知道呢？

男性也就算了，說真的，有很多男人終其一生不知道自己的女伴乳房是真是假。這都是我們在幫隆乳過的病患做檢查時親耳所聞，在表示驚訝的網友當中也不少女性被嚇到！嗯……其實ＢＢＣ網站放的，就是去除掉皮膚、脂肪、結締組織後，剩下胸肌跟串狀的乳腺組織，一點都不奇怪。看來全民的衛教還有很長遠的路要走啊。

相較於男性的乳房組織整個退化，只剩下兩點乳頭，女性的胸部一直都是重要的性徵，構成了女性身體曲線的重要部分。既是每個女孩從青春期開始要試著學習共處、挑選胸罩去適應的部分，也是男孩們克制不住的視線焦點。

對許多女性來說，胸前兩坨肉招引男性的眼光，總是抱怨比較多，這點就算到了成年之後，依舊一樣。

我在乳房科門診，有時會遇到嚴重乳腺炎加上化膿的母乳媽媽，最高紀錄曾經遇過一個Ｈ罩杯的媽媽，她一把眼淚一把鼻涕，兩邊乳房脹奶大到跟籃球一樣，麻醉後開刀各切開排膿了一千多ＣＣ的化膿奶汁……

我每次講到這段過程，每個女性朋友都會露出痛苦、感同身受的難過，尤其是曾經餵過母乳、經歷過那種令人痛到崩潰的媽媽們；然而！然而！我如果是跟男性聽眾講到這段，他們的思緒在聽到「H罩杯」之後就會停格……這是因為他們都在腦中想：「H罩杯是有多大？A、B、C、D、E、F、G……」然後開始排順位，根本沒有聽到後面那一大串究竟有多痛苦的描述！屢試不爽。

所以我已經看得很開，大多男性對此就是有無法排除的反射反應。這不僅是社會文化風俗的總和，在不同時代，每個國度對於女性露乳的解讀也不同，比方說露出乳房下半緣，在韓國曾為正常的女性服飾。

然而在網路時代，乳房若出現在照片上，有時則會有所限制。

我曾經分享最新的乳房內視鏡手術照片，這是我們乳房外科醫師每日的早餐晨會日常。結果在我意料之外，照片被禁止了！

這令我丈二金剛摸不著頭腦，細看規範當中的描述，這不就剛好是乳房切除手術的照片嗎？雖說臉書每天的分享照片量極大，會用AI程式去抓露點照片，但其實規則也不是毫無

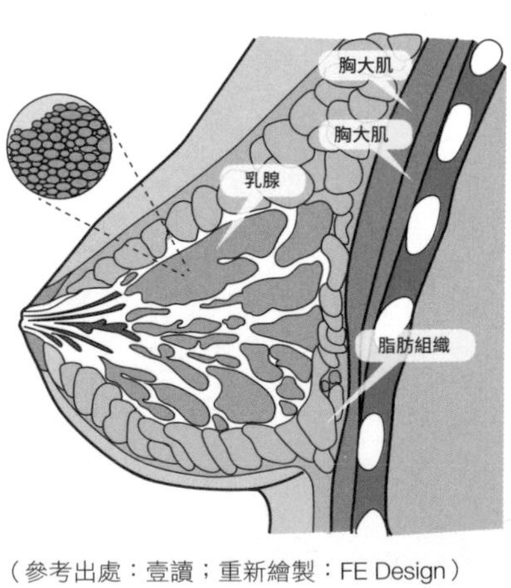

（參考出處：壹讀；重新繪製：FE Design）

哇…褲子好垮～好繃唷！
這個也褲子好垮…腰圍好繃…

調整可能的，比方說哺乳中的照片就不在禁止之列，這是個值得鼓勵的地方。只是希望這類完全沒有事前通知便封鎖刪除的動作，能夠告知得圓融一些啊……

說真的，很多時刻互換立場，就能夠體會另一個族群的感受。

我常常念我老公說他身為家中唯一的男性代表，只要他一人失誤就是全體男性的錯誤（笑），諸如：「很幼稚耶！」、「聽不懂人話逆！」之類的，直到最近我開始超歡樂的在粉絲團跟各位太太們分享賞心悅目的優質男模照片，瞬間轉變成老公念我了（笑）。

常常在看完「都不會讓人失望的別人家先生」的照片後，再轉頭看到枕邊人，都會忍不住笑。見山是山、見山不是山，此話一點都沒錯啊！

你的貼文已刪除

你的貼文違反了 Community Guidelines 對 露點照或色情內容 的規範，因此我們已將貼文移除。如果你再次違反我們的守則，你的帳號可能會遭到限制或停用。

貼文詳細資料

on 四月 22 at 5:22 下午 發佈

社群守則

我們希望你發佈的相片和影片對各種群體都相當適當。我們的社群守則是以全球社群為依據，有些分享對象可能會對不同的內容感到不愉快。

- 我們會移除展示性行為、性器官和全裸臀部特寫的相片、影片與部分數位內容。
- 我們會移除女性胸部露點照，但展示乳房切除術疤痕和女性哺乳的照片除外。
- 我們可能會移除顯示兒童露點或部分裸露的圖像。

（圖片來源：劉宗瑀）

當父母被恐懼壓倒

近幾年我致力於兒童安全教育，尤其是其中「性教育」的部分，強調：「性教育是全人教育也是家庭教育安全網的一環」、「真正恐懼的其實是家長」。看到聽眾家長疑慮的眼神、不知如何啟齒的躊躇，我都會安慰「沒關係，家庭教育本身就有很多種」。

其實，教與不教，都是一種教，孩子都看在眼裡，看父母的全身動作、言語反應、閃躲態度，就略知一二了。不管是哪種的教法，只要是愛與關懷包容，都是好的方法，但萬一，出了父母預期的意外狀況時，請各位爸媽彼此之間想好、建立共識，不要一時間被恐懼壓倒。就像我當年的爸爸一樣，然後淪為只會揮拳的狂父。

這是在我某次演講，聽到台下聽眾的迴響，說當年是孩子的他，因為被長輩發現看小黃書，結果被揍的故事。當時塵封在我記憶某處、眩然轟然的高刺耳鳴聲浮現，我突然想起來了。

那是我高中剛過十八歲，理論上可以看「限制級」電影的時刻，考後空檔幾個同學一起邀著來去看電影，好啊好啊，點頭如搗蒜！看啥呢？戲院門口嘻嘻哈哈的打鬧也沒注意，其中一人就提議說了：「看這部吧，好像很勵志。」

原來是當時奪得多項奧斯卡獎的《遠離賭城》，那年還是意氣風發的尼可拉斯．凱吉主演，看起來好像是人生峰迴路轉、絕處逢生的正能量電影耶！右上角小小的限制級符號？應該沒什麼關係吧！

結果進了劇院差點沒嚇尿到褲子上！整部電影最正能量的就只有片名《遠離賭城》這四個字，劇情不但沒有遠離，窮途末路工作跟家人都跑了的男主角，還賣了房子把所有錢砸在吸毒嗑藥喝酒並包養妓女，最後做愛死在妓女身上。影片真槍實彈。

那時候走出電影院時大家都臉色發白，硬打腫臉撐胖子裝若無其事。等回到家被問看了啥電影，腦袋隱約覺得不妥但嘴巴還是講出了《遠離賭城》這答案，愛看電影的老爸當晚就興沖沖自己去看了午夜場……

不要再讓自己幼時的恐懼再現

從小受權威型教育、諸如長輩吃飯停箸，我就要自動幫忙添飯這類，不難想像是別說性

剛滿 18 歲那年去看了得獎電影
《遠離賭城》，差點被嚇死…

吸毒
做愛
自殺
不是勵志片嗎？

結果隔天…

咦？妳怎麼臉腫了？
不要再問了…

別議題了，連報章或是電視出現隱晦的「男女倒向棉被後，窗口月亮升起」、「搖曳紅蠟燭火苗被無形的風吹熄」這類畫面，我爸都會要求我們小孩遮眼不得看螢幕。

所以其實當晚我在書房是惴惴不安著如臨大敵。中間一度耐不住焦慮，我自己跟母親招認了說，看的那部電影裡面有性愛畫面。但同樣對此議題無法反應的媽媽，也只能講一句「妳爸回來妳就死定了」，就這樣熬著最後太睏禁不住上床睡了，心想睡著了正好可以避開我爸回來的時候……

沒有想到，就在我已經入眠後，怒極攻心、氣急敗壞的老爸衝回家了！媽媽還試著在客廳攔阻他想講什麼，老爸已經化身為龐然大物、拔山倒樹入房而來，手一提而小女我為之驚醒！余年幼，都睏ㄘㄟ（台語：剛睡醒）方出神，不覺呀然驚恐。父神定，捉小女，開扁左臉頰數十，驅之別院。（仿〈兒時記趣〉文體。）

當下是揍得我稀哩嘩啦、整個左臉腫成豬頭，更別說左耳鼓膜耳鳴大作！這才知道為何電視劇裡人被搧巴掌後都要捧著半邊臉！因為又腫又痛幾乎感覺要掉下來了。

這樣的記憶瞬間襲上心頭，我突然想起那個夜晚。被這樣不分青紅皂白的打，在高中那樣年紀，我不記得當時我後面的反應了，但想必多少有著不甘心跟委屈吧！更不用說，叛逆期青少女，不是因為功課表現差、亦非因為老師評價不良，一直遵循著學校跟家庭給的規範戰戰兢兢的我，竟然是因為跟同學看了電影《遠離賭城》被打。

（吶喊）尼可拉斯凱吉！還我少女的尊嚴（誰理你）！

但是我不用去問父親，想也知道，眷村出身的他，在接觸到禁忌議題時的成長經驗是怎樣。當時揮巴掌揍毆的老爸，其實就是孩堤時的他被恐懼壓倒的場景再現罷了。其實平日溫文儒雅的老爸，並不是會打人的那種嚴父，只是這次的反應真的出乎我意料，也嚇到我後面大半年幾乎不願意跟他對話……

隨著自己長大當了母親，也會有時候被孩子激到暴怒反應，在真的腎上腺整個爆發失去理智時，我都會浮現當年老爸的那表情。瞬間清醒。

更別說，性別議題在我們家從來都不是禁忌。孩子哪有什麼禁忌之分？不都大人教的？但我們今天是有權力的成年人了，不要再把同樣的錯誤複製給下一代。雖然很難、常常不自覺碎念嘮叨時發現自己跟當年的老爸老媽好像之類的，還有很多要學習的啦（笑）。

但至少，不要再讓自己幼時的恐懼、場景再現後加諸到如純淨白紙一張的孩子身上。

讓愛衍生更多的愛，讓勇氣克服曾經的恐懼。

親子共讀，當孩子問「王子為什麼要親公主」……

之前網路上有一段影片，講一位爸爸用三十秒時間掃完一本書，讓孩子一整個傻眼的好笑影片。

其實自己身處在一打二、疲倦高壓厭世的情況下，真的會有想要趕快把小孩放倒到床上，然後自己也跟著倒的煩躁跟不耐。

但影片中爸爸做了很棒的一點，「他親自陪伴著讀了一本書」。

親自陪著讀一本書？有很了不起嗎？

有唷！由信賴的親人抱著、用肢體、聲調、表情等來邊講邊玩一本書，不但可以刺激小孩腦部的神經，增加更多的字彙認識，還能增加親子親近感，在閱讀的過程當中，更神奇的是對於家長有著無比的「療癒」能力！

親子共讀的力量

當二〇一七年初我開始捲袖自製自繪性教育翻翻書時，起心動念是為了從醫路上所看過見過的各種性侵或兒虐悲劇……「幫父母擺脫『性教育很尷尬』」，但我要用光明與充滿愛的正面方式去說，去轉變因為過於悲傷而想閃躲的恐懼，去讓更多人一起正視這問題。當時除了正反意見之外，我對於刻意解讀或字面扭曲的解釋一笑置之。

其實我更注意到了……如同喧嘩歡樂的樂團面對著山谷製造了各種聲響，卻終究在久久沉默之後，對岸的那一頭傳回了細微幾不可聞的回聲！

我所深埋在其中的意涵，終究被接收到了（泣），當下又感動又感傷……是的，閱讀就是有這麼大的力量。

其實在親子共讀當中，受益的不只是「子」更是「親」，身為家長的我們在成年之後很難有機會再好好去爬梳書本內的每一個字，而共讀時就有這樣的好機會！

近幾年在這方面有多少專家在推廣，吳淑娟醫師倡導共讀不但對兒童發展有極大益處，還甚至能幫助家長情緒管理；幸佳慧老師推廣帶動更多不單只是粉紅泡泡般幸福洋溢的兒童繪本，而是更多深刻、沉重議題的探討：霸凌、憂鬱症、自殺、性侵議題；黑眼圈奶爸徐嘉賢醫師也從腦科學的角度來看，究竟親子互動那些活動能增加兒童腦神經發展？

甚至在各縣市都慢慢注意起這個議題，而有愈來愈多的公家圖書館開始培訓專說故事的志工媽媽們。在這麼多專家建議下，拿起一本書，專注著品質短短十五分鐘講好講滿吧！

親子共讀沒有任何制式規定跟方法

那可以怎麼做？有時候面對充滿整個書櫃的書，孩子就堅持要某一本重複講？那就講吧！用規定的方式，一天講一本固定的、一本新的；那麼有時候得面對讓家長覺得內容有點抓頭的故事呢？

其實很多古早的童話，如果真的要用現代角度來去評估，充滿了各種不合邏輯或匪夷所思，比方說：王子第一次見到沉睡般的白雪公主，就要親下去？

當時為了這一頁，已經小一開始有思辨能力的老大，問了我足足十分鐘：「他們在幹嘛？」「為什麼要親？」「公主有答應嗎？」「親了會怎樣？」

整個傻眼不知如何回答的外科媽媽我，索性把書一丟，開始發揮專業，合理解釋這個橋段：「你們知道，王子為什麼要親公主嗎？其實他知道公主被毒蘋果哽到，所以他在幫公主急救！」

我搬來小孩的娃娃，擺在床上充當急救用的安妮，開始教她們：「像這樣，如果遇到路上昏迷的人，媽媽醫生就會上去拍拍他、叫周圍的人電話救護車、然後確認這個人身上的（邊做出急救確認流程動作）口鼻喘氣有沒有？呼吸有沒有？脈搏有沒有？」

邊做邊抓小孩示範，突然整個睡前讀書充滿了笑鬧（笑）。

當瞬間意識過來時，才發現，其實親子共讀沒有任何制式規定跟方法，只要充滿家長對孩子的愛，就都是好方法，不是嗎？

和小小孩自然談「性」

你家有中對於身體帶著好奇的小小孩嗎？當他們洗澡時，注意到自己跟爸媽身體的差異時，所詢問的問題，你都怎麼回答？

起因是因為，在一次跟朋友的閒聊，我隨口的答案讓大家噴茶。我：「我都講醫學名詞啊！陰毛、陰莖、乳頭，就指到哪講到哪。」眾人嘩然！

這下換我疑惑了：「難道大家都不講的嗎？」

眾說紛紜，有「用卡通名詞代替」、有「制止小孩繼續發問」、更有「左右言他轉移話題」。

我繼續問：「那大家打算到小孩幾歲的時候才講呢？」大家你看我我看你，能拖就拖、上學了老師教……等等。

我笑：「只怕老師也是認為家長會講，就像當年我們國中上健康教育那兩章一樣『你們自己回家看』，甚至，還有可能是同學間看A片互相以訛傳訛的學到一堆錯誤來源耶！」

身體的器官都是平等的

有沒有想過，為什麼我們要把性器官獨立於身體其他器官？我們有「五官歌」、「手指歌」，大拇哥、二拇弟……還有「頭兒、肩膀、膝、腳趾」，這些朗朗上口的兒歌，無非是要教導孩子對身體正確的認知。但，性器官呢？有沒有想過，對這部位的尷尬、介意，其實都是大人才會有的。

小孩子根本不在意露著屁股光光亂跑（笑），那為何不趁著小孩對這些「後天加上的規範與社會觀感」還沒有包袱成形時，清楚簡單的講過？

性教育不需避諱談性器官名稱

我們來看看挪威是怎麼做性教育的。在〈在北歐學習性：挪威〉一文提到：「用真人的裸體，而非照片或另外製作的影片，呈現節目中正在討論的器官。在主題為女性胸部的單元時，揚斯露神態自若的托起成人女性的乳房，一面解說母乳的產生，一面拿筆在乳房上畫出乳腺示意；談到陰莖，她則直接用手觸碰男性模特兒的陰莖，推開包皮，以展示龜頭的位置。討論起陰道，揚斯露戴起手套，撥開女模特兒的外陰唇，露出陰蒂，向孩子解釋：『這是女性身體最敏感的地方之一。』」

光是看文字描述，就已經很多人暈倒了吧。但是這系列影片傳遞一個非常正面、毫不迴避的觀念：「我們這麼做是希望孩子了解，即使是性器官如陰莖，也是身體中理所當然的部分。」

消失的密室：精卵到底如何在一起

我了解對於台灣的爸媽而言，要開放到這樣的程度心臟得非常強大。那如果還是不太能用這麼衝擊的真實影片，有沒有什麼其他的替代方式呢？於是我找了又找，發現市面上的童書或繪本，都沒有描繪「真實性交的畫面」。的確，我們會教說「男人有精子，女人有卵，然後……精卵相遇」。

喂！等等！中間跳太大了吧！精卵是怎麼相遇的？難道是精子飛出身體，像打噴嚏那樣在空中飄啊飄～～然後不知道怎樣遇到卵，然後受精卵……被媽媽吃進肚子？咦？是這樣嗎？還是……男人女人睡覺躺同一張床上，精子爬出棉被，然後在棉被上找到卵……

不要笑，這是我約莫國小當年腦中的各種奇想。難道，各位期待憑藉著這麼一句話「男人有精子，女人有卵，然後……精卵相遇」，小孩子就有推理跟邏輯能力能夠串連起來嗎？別傻了!!（事後想想，這樣成長後能順利的成為醫師，真是可喜可賀可喜可賀。）

所以，我要再問一次，為何不一次清楚簡單的講出正確答案呢？

手繪動畫教「寶寶怎麼來」

於是，我開始自己動手畫。畫啥？我要畫「有清楚性交畫面的性教育童書」。畫的過程當中，日日電腦桌面都是「取材畫面」，著實驚到我老公（笑）。畫完後，製作成動畫搭上配音，免費讓網友觀賞。

我相信簡單的說明，可以引導小孩們得到「寶寶是從媽媽肚子裡來的、而且是爸爸的精子跟媽媽的卵一起生出來的」這樣正確的認知。

在影片公告後，得到極大的迴響。

很多父母表示，我說出了他們苦於解釋的部分。更讓我感動的是，有網友分享他們跟小孩看過影片後的互動，非常有趣。「爸爸媽媽都是脫光光嗎？」「我要怎麼回媽媽肚子裡？」「爸爸肚子也大大的，可以生寶寶嗎？」笑壞了（XD）！

性教育以外的功能

其中還有一些是讓我更感到在這方面努力它背後的價值。有臨床心理師，在評估遭遇性侵虐待兒童時，會借用這本書，書是類似遊玩性質的翻翻書，裡頭清楚但不色情的描繪，來作為「判斷並察覺受虐兒」的工具。

當她告知我這本書可以被這樣應用時，我好感動。曾經，我作為女性外傷科醫師，在急診室幫忙處理家暴跟受虐案件。這類性虐兒童的故事讓我往往心痛。

如今能夠在這一方面幫上一點點的忙，真的是太好了。

人之初，就正面認識身體名稱

還有很多需要大家共同努力的地方。全體都正面從早期開始，把「性教育很尷尬」擺脫，在被外來其他資訊灌輸錯誤的性認知之前，清楚的，正面的，讓孩子認識身體。

告訴孩子，身體是會變化的。這就是「長大」。你因為手的小肌肉群發達了，所以畫圖變

為自家女兒親自設計的
《跟著小劉醫師，來玩性教育翻翻書》部分內容

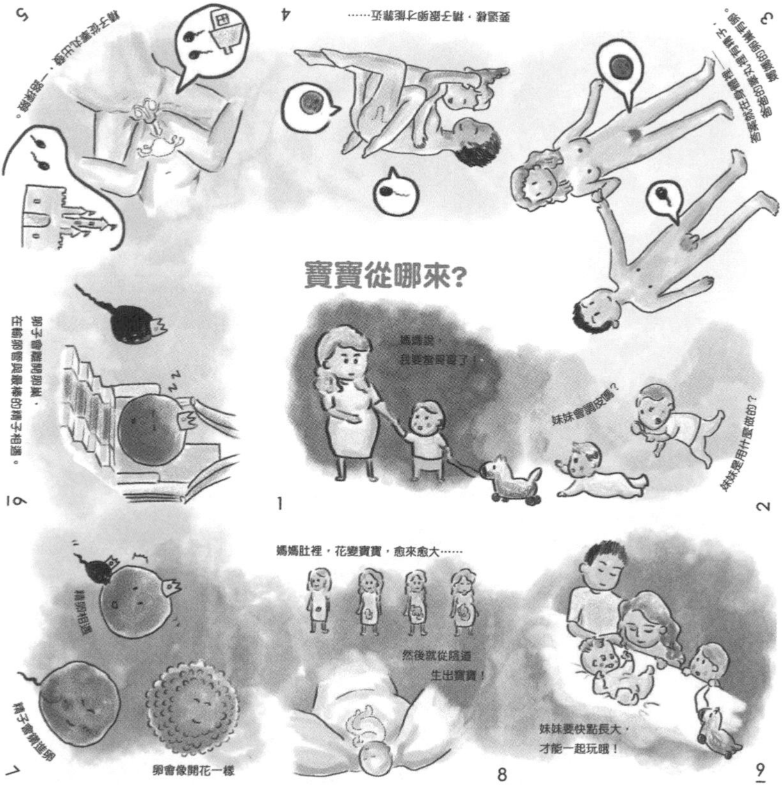

小劉醫師親自錄製
「寶寶怎麼來」
親子共學影片
（劉宗瑀製作、提供）

得更細緻更美了。你能跳得更高更遠，你的世界更寬更廣。

你身體的每、一、個、部、位都會因為「長大」，而帶你去更遠的地方。

呼吸器官、消化器官、當然還有性器官，都是。

正視它。認識它。

期許每一個家長都能擺脫心中的枷鎖，讓孩子能自然而然，認識自己的身體。

關於小劉醫師性教育翻翻書的使用方法，請參考親子天下網站專欄〈跟孩子談性〉

小劉醫師：
翻翻書使用十大原則

給我抱抱？

女作家事件後，眾父母心惶惶。

開始有分享文出現，教導所謂「身體紅綠燈」：將身體區分為紅燈不可觸摸區（大多家長會教導為「穿泳衣遮蔽區」）、黃燈不喜歡不舒服（臉頰、肩膀）、跟綠色可以觸摸區（頭髮、手臂）。藉此跟小孩探討，身體的自主權。

這個動作的用意是好的。

在我們這一輩，童年成長過程所欠缺了太多這些教育，慢慢的惡果開始浮現。所以，正視這個問題，絕對是好的。只是……在我們學著將孩子視為一個完整個體，尊重、信任、學習負責的過程中，簡單的一個原則「不因年齡而輕視」，所以，如果把身體紅綠燈的方法，推及到大人身上，就會發現仍然有盲點。

盲點在於：「身體的所～有～部～位，都應該『未經同意不得碰觸』。」也就是說，就算是頭髮、手指這些部位，也應該為紅燈區。

最近在整理各種「性騷擾故事」，除了肢體上明顯的接觸跟傷害之外，光是「刻意靠近嗅吸味道」或是「眼神」、「言語」，就可以造成多少人一輩子的陰影……如果這樣套回到小孩的教育上，就會發現，「其實整個身體都是紅燈」。

孩子們在跟信賴的對象，如養育的父母，討抱是非常正常的。抱到爸媽腰痠腿軟叫不敢，抱到頭槌鼻頭噴淚跪地還繼續來。但是，在帶著孩子外出的時候，常常會有很多媽媽困擾，「為什麼那麼多不熟的人要討著抱我小孩」？而這樣的「長輩討抱」行為，又常常跟「身體全紅燈」的觀念抵觸……常常就會看到，眾家長圍繞著一隻扭動不安明顯抗拒的小孩，邊笑邊說：「唉唷！抱一下又不會怎樣！」、「小氣捏！阿姨喜歡你啊！」

原來想抱抱小孩是動物本能

針對這問題，就要從「社會慣性」看起。以前我還不覺得明顯，直到帶著老大去一趟歐洲，整整數周的時間之內，驚訝的發現當地人不會對孩子「動手」。一樣會微笑看著小孩、一樣會拿著小禮送小孩、對孩子各種禮遇……但是就是沒有人說要「抱」、「摸臉」、「拍頭」。完全沒有。

比較之後才感受到這麼明顯差異！如果說，這是風俗民情，但又似乎不只這樣……因為我自己看到人家可愛圓潤肥嘟嘟的小孩，也超想抱一下的（掩面）。

這究竟是怎麼一回事呢？從人類學的角度，可以解釋這樣的原因。首先要知道：「從演化的角度來看，由雙親單獨照顧孩子是很不尋常、非常近代才出現的現象」，因為「人類的

鼻尖上的擁抱

團隊精神起源於共同照顧所有的下一代，不只是母親會照顧孩子，而是附近的成人會一起照顧」。（出處：《我是一個媽媽，我需要柏金包》之耶魯人類學家的曼哈頓上東區臥底觀察，推薦此書，拍案叫絕又能給身為父母的諸多警醒。）

從狩獵進步到農業，人類學的角度用更大的時間軸刻度來看整個社會型態的演進，猴子跟你我這些人類，只有些微的差距。而擁抱、伸手摸、這些肢體接觸，有著重要的意義：「主要是女性會照顧孩子，她們在必要時伸出援手、自己有需要時也會得到親朋好友幫忙。與他人合作的哺育者除了可以行善，還可以讓自己感到快樂。」

人類學家暨靈長類動物學家德瓦爾（Frans de Waal）觀察獼猴生態：「普通獼猴清楚讓人看到，提供母愛與社群關懷的猴子會感到開心。每年春天，普通獼猴生小猴時，進入青春期的母猴會搶著幫忙，搶著一定要『伸手摸』。牠們會待在生產的母猴附近，不停的仔細清理母猴與可愛小猴，直到母猴同意讓牠們單獨跟小猴相處一段時間。」彷彿猴保母一樣。

「猴保母會爭先恐後搶著抱小猴，梳理毛、舔臉，最後抱著小猴打瞌睡，讓人感到猴保母處於入神、甚至是狂喜狀態。」是否有點似曾相識的感覺？

為什麼會這樣呢？原來「緊緊抱著小猴，會讓保母的大腦與血液充滿催產素」！什麼是催產素？鼎鼎大名的催產素，由大腦下視丘釋放，在女性分娩時引發子宮收縮、刺激乳汁分泌，加速分娩、及停止產後出血。除此之外，它還有強大的力量，能在母嬰之間的擁抱時建立起母子聯繫，讓前一秒還在分娩崩潰淒厲大吼的媽媽，在孩子抱入胸口瞬間安靜微笑。

尊重孩子的自主權，從不勉強被人擁抱開始

相信有陪太太進產房又沒昏倒的爸爸，都被嚇到過，明明還咒天罵地掐老公、怎麼瞬間驅魔完成、母愛滿載？產台上剛剛才說要殺了醫師的那個媽媽，已經完全下半身無感、任由婦產科醫師都還在那邊清血水縫傷口搞半天。這就是催產素的強大威力。

同時「催產素」，也被稱為「愛情激素」或是「擁抱激素」，能夠喚起知足的心情，減少焦慮，增加平靜的感覺和圍繞的安全感，而擁抱、愛撫、親吻，都能促進該激素的釋放，幫助人們建立起親密感（Meyer, Dixie. Selective Serotonin Reuptake Inhibitors and Their Effects on Relationship Satisfaction. The Family Journal. 2007, 15 (4): 392–397. doi:10.1177/1066480707305470）。

所以難怪……捫心自問，在見到別人家可愛孩子的時候，是否誰都會有衝動想要去抱一下。說起來就是同為靈長類的猿猴內在，有這樣的驅動存在。

理解了這樣的原因背後，或許不再會執著於認為「長輩討抱」有多麼「不可理喻」。（是的，那些討抱的就是一群猴子。）

但說起來，逐漸正視要建立孩子身體自主權的時刻，身為家長要怎麼教呢？重點不是教

孩子「被迫」、「勉強」。而是教周圍的討抱人群：「缺乏催產素的話，請回家去抱自己的家人」，或者「下次自己生一隻，要抱多少有多少」。

尊重孩子的身體自主權，就從不勉強他被人擁抱開始。

CHAPTER 4

女主外男主內、婆婆應援之
日常教養甘苦

老公到底懂不懂人話？

網路上流傳著一則夫妻笑話。

妻：「下班路上幫忙買一個西瓜，如果遇到柳丁，買十個。」結果，身為工程師的老公買了十個西瓜回來。

氣急敗壞的老婆發問，老公一臉無辜地說：「是妳自己說的啊！買一個西瓜，但如果遇到柳丁，西瓜就要改買十個。」

原來老公用了工程師寫程式的邏輯去思考。這麼想來，太太的話的確說得不夠清楚，也不能算是老公的錯呢?!

可我相信每個太太都會崩潰：「用膝蓋想也知道，怎麼會買十個西瓜！」

之前聽到這笑話，一笑置之，直到自己結婚了之後，才發現，對於理工科出身的老公，這樣的情況是真實會發生的！

離完美老公只有一步之遙

蜜蜂先生是那種會自動幫忙做家事的老公，平日不菸不酒，無應酬免趕場，空閒時間一定在家（打電動）。但是！就是這個「但是」！他做事真的充滿上面舉例的「工程師」風格，一個指令一個動作，而且很多在太太眼裡看來都是順手能一起完成的部分，他就是不做。比方說：拆開用了的小包洗髮精，一定會留著撕下的截角。用完的毛巾，隨手掛著。距離完美老公僅僅一步之遙，感慨之餘，我在臉書上發洩了一下：

「理工宅真的是世界最優的老公人選，不菸不酒，無應酬免趕場，空閒時間一定在家（打電動），除了需要花點時間把腦內程式設定好，之後會自動洗衣煮飯顧小孩，以及稍微忍耐一下語言的解讀缺陷——

『把小孩衣服穿好』↓只穿好上衣、沒褲子。

『把桌子收一下』↓東西堆到椅子上。

各位剩女們快來，開發屬於自己的工程宅吧！」

沒想到這段臉書貼文得到一系列怨太太們的熱烈迴響（笑），以下節錄：

苦主1

「兒子起床後幫他梳洗，然後帶去上學。」結果兒子穿了睡衣就上學去。指令沒下清楚是老木的錯，我們應該說：一、把兒子叫起床後幫他刷牙洗臉。二、換好外出服穿好襪子再穿布鞋。（記得挑好衣服配好色，還有不交代穿布鞋就會穿成涼鞋）。

有一次忘記先挑好衣服，老公選了一件黑條紋上衣配上藍條紋褲，兒子整個看起來像是要越獄的樣子（倒）。」

苦主2

「我們家發生過，冬天寒流給小孩穿短袖帶出門，讓小孩穿拖鞋上學，所以現在我都直接配好衣服放著，免得會讓我臉上三條線的事件一直發生。」

苦主3

「原來我老公是正常的！跟大家的老公都一樣～～有一天我沒有準備好女兒的睡衣就去

奶睡小北鼻，隔天看到三歲的女兒穿著她一歲時的睡衣（我準備要讓老二穿的）超級懲的～～還好我睡衣是獨立放在某個抽屜，否則可能會發生女兒穿著洋裝或是斗篷睡覺嗎？」

宅老公的耳朵大腦接錯線？老公不是笨，但笨起來要人命！當年老大一歲多，我出門時常常是一手兩個包，低著頭下巴夾帽子又咬著水壺，再一腳勾著小孩鞋子，慌亂中沒空抬頭的我，跟蜜蜂先生說：「阿寶穿的洋裝，下襬要紮進褲子裡！」

老公抱著阿寶上車，遠遠回了個「好」。好個頭。我一上車入座，立刻大叫：「這是怎樣?!」接著瞬間笑到飆淚！原來我指的是連身蓬裙紗掀起來之後，上衣的下襬要紮進褲子裡，但老公就直接把整個蓬裙的所有布料，全部塞進褲子！最後變成照片上的樣子！

我又氣又好笑的把裙襬從擠到快爆的小內褲裡用力拔

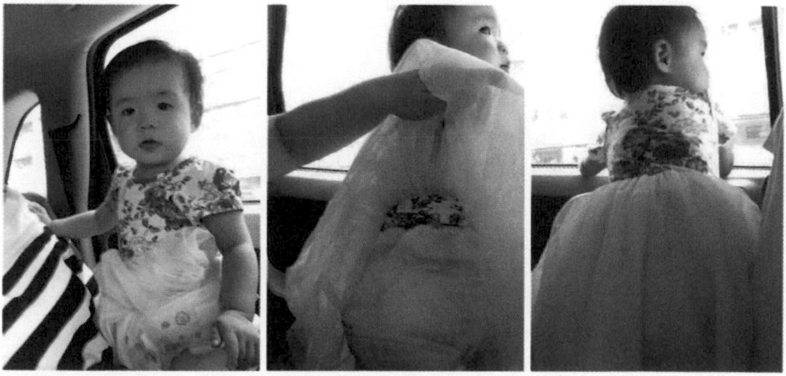

整個蓬裙全塞進阿寶的小內褲裡！（圖片來源：劉宗瑀）

出，阿寶一臉不知情的無辜臉蛋，害我更是狂笑不已。

我問：「你要把蓬裙整個塞進去，還真的是要非常非常努力耶！可是你不會覺得這樣穿很奇怪嗎？」

蜜蜂先生：「是覺得好像哪裡怪怪的……」

當然，理工科出身的老公，還是那句「妳又沒說清楚」。嘖！是要多清楚？還是要我寫個操作程序出來？

男女溝通理解有大差異

男女溝通上的差異，很早就有語言心理學家喬治・萊考夫（George Lakoff, 1975）指出，男性的語言溝通較為果斷有力，而女性則多採用試探性語言「我猜」、「或許」、「如果你不介意」等等，對於發話者的同理感受也比較強。

這些對應到生活，似乎真有其事。但是，再追查下去就會發現，近代的科學研究中，語言理解在男女，其實只有些微的結構差異，更多的是後天環境教育培養造成。

二〇一三年美國的研究顯示，男性半邊大腦內的神經連結較多，對於視覺與運動的表現較優；而女性則是大腦左右兩半球互通的連結較多，在分析與直覺上更優。除此之外，每年都會有新的研究推翻先前的舊有論述，對於男女的語言差異，目前還各家爭鳴（Girl Brain, Boy Brain? Scientific American 2009），儘管對於理解上還是無法完全相同，但對於願意幫忙做家事的各位先生，我還是給予最大的掌聲！

怎樣忍住不踹另一半，可以用罵的嗎？

我在家裡翻箱倒櫃中，要找本想看很久卻忘記收到哪去的書。我揚聲問了灣ㄤ：「你有沒有看到我在看的一本書？收到哪去了？」

叫喚了老半天沒反應，直到我橫眉豎目插腰站在先生面前，他才從滑動手機的隔音泡泡中醒來：「咦？妳剛剛說什麼？」

我挑眉：「我說，你有沒有看到我在看的一本書？」，眼睛一掃看到旁邊，一小時前交代要給小朋友穿的褲子還丟在地上，而小孩呢？這廂正光著屁屁在沙發上亂跳。（爆青筋）

老公一臉懵懂：「什麼書？」

我咬牙：「書叫做《我如何忍住不踹孩子的爸》!!!」

類似這樣的情景，想必如果有家庭的各位太太們多少有點經驗。日日浮出的青筋，長度一寸寸相連起來不知道可以繞地球幾圈了。對於「順手就可以做」、「瑣碎的各種家務」卻要一而再再而三嘮叨才能推動進行，想必是很多人的心頭恨。

連搞笑影片都拍了，能主動把髒了地板吸乾淨、對繁瑣人際社交全力支持答應……的這種老公，只存在於「已婚人士專屬A片」的幻想中。（反過來，對於先生「逃離現實」的嗜好如運動……等全力支持的太太，也只在幻想中，笑。）

不管看了多少書
親職教育
兩性溝通
嗯嗯
偶爾還是會有這種時刻
然後…
妳懂的
當然只是腦中想想

為什麼結了婚這麼煩啊！（摔桌）

於是在我看到這本書名瞬間噴笑，再看到裡頭小標題跟註解「不要在該溝通時選擇暴走」、「專制老公耍廢、耳背、扯後腿的換位思考」時，簡直感動到要哭了。彷彿溺水中抓到稻草般，跪地高舉著這本聖經啊！

作者本身是位記者，她在婚後幸福的兩人世界，瞬間當媽後歷經各種情緒崩毀，於是訪遍各種兩性跟親職專家醫師，引經據典查證各種研究。光是裡頭序章「當媽後，就是會什麼都看不順眼」就讓我跪著邊讀邊點頭邊做筆記還不時額首稱慶！

裡頭說：「現代父親在家庭中，會足足花上三十年前兩倍的時間做家務。」嗯嗯好棒棒，所以呢？這就跟近年盛傳「三機救婚姻」的說法一樣：洗衣機、掃地機、洗碗機，依照順序當年添了最後一樣洗碗機後，我家被洗碗機的強大驚訝到幾乎飛起來，當時還寫了這篇「買了洗碗機後超後悔！後悔怎麼不早買！」但，人心是無止境的。

在那之後，又多出了「把洗碗機洗完的碗收好」跟「把堆在水槽、一晚就長了小黑蠅的髒碗按照正確順序放進洗碗機」這種更瑣碎的家務。（無言）

我知道此刻可能有人會覺得：「那乾脆都不要動手，都請人好啦！」我是真的很想……（掩面）。你看，家務就是這樣！無止境的！

光是這一點，書中就有專文提到：「事實證明，把髒碗放進洗碗機是最易引起爭端的家務之一。」（胸口中箭）「根據洗碗機製造商調查，有40%以上的美國夫妻表示，他們會因為怎樣才是『正確的』使用洗碗機而爭吵。」（又中第二箭）接著書中分析，對於洗碗機使用方法共有三種人格態度，分別是「保護者」、「管理者」、「貪快者」，又是如何的個性云云。

基本上，閱讀時狂笑或是胸口中滿箭、掩卷時不時就得長嘆一下，就是這本書給我帶來的滿滿感動。

跟危機處理專家學談判技巧

書裡不只對於「太太眼裡的豬隊友」先生各種直言不諱：「當周末來臨時，他不知道為何總是能讓自己沉浸在快樂的單身泡泡幻影裡」；「他似乎在剪斷女兒臍帶的那一刻愛上戶外運動，那剪刀的喀嚓聲就是他要快跑的鳴槍聲」，為何先生總想從家務中逃跑？或根本無反應？原來，這都是有科學根據的。

「美國調查發現，母親被孩子打斷睡眠的機會是父親的三倍」、「從人類進化為基礎：女性對於可能威脅到子嗣的狀況較為敏感，而男性則對於威脅到整個族群的危機較有反應」，而且「女性面對壓力時（如新生兒腸絞痛）比較有可能會照顧跟幫助他人（變得比較具同理心和善交際），而男性則較容易退縮，或甚至靈魂出竅」。拍案叫絕！

不過，幽默直率的文筆，同樣沒有放過「媽媽」。畢竟，就在作者花了每小時八百美金（哇！）的諮詢費，而且還要一次連上五小時（哇！）接受婚姻諮詢，她把寶貴（真的很貴）的對話紀錄分享，其中婚姻諮詢專家也對於「作者／太太／受害者／主要抱怨者／大宗讀者群」的身分，做了同樣犀利的分析。

「我們現在不是在討論男人，是在說妳先生，不要把他歸成一個種類」還有「身為太太，對另一半發動攻擊、辱罵，再用無法控制自己或其他理由來自我合理化，這方法很糟。別再扮演殉道者的角色，一直沉溺在自以為是的受害者狀態，其實是一種言語霸凌。」

「羞辱跟奚落，在健康的夫妻關係中是無法存在的。有主見的為自己說話和憤怒的貶低對方，是兩碼子事。」

「在怒氣攻心時，告訴自己，處理自己的憤怒，對孩子的未來比對自己更重要。」

終歸一句「媽媽妳何時要放下手中的控制權？」天啊……跪地吐血中……這個下手太重了，媽媽顯示為饒命啊！

甚至閱讀到中間篇章，作者下了招絕妙的一步棋，跑去找ＦＢＩ負責跟恐怖攻擊做談判協調的專家。

「危機談判必須在極短時間內，以集中力來降低對方的生理反應及恢復其更理性思考的能力」、「分為五個階段：主動傾聽、表現同理、建立支援、取得影響跟改變行為」等等。

這就是我在做醫療糾紛排解時的五大步驟啊（抱頭哀號）！

我明明都知道的，為什麼一氣起來又都忘了，而且該犯的錯都犯了！

書中甚至還逐字逐句地把應用了這些方法後，作者回家夫妻對話改變的過程一一教學。看完瞬間懂得其中深奧精髓，回頭在看到一些網路的爆料影片時，瞬間更懂得許多「言外之意」。

當時有個新聞是，網路交友被詐騙的媽媽要去銀行匯錢，眾人勸說不動只好報警，最後警察苦口婆心勸退成功的影片。

當時我就看出裡頭使用了超多談判技巧：

一、認同對方的感受，引導換位思考：「我現在說一個故事啦。」（然後重整對方的情況）

二、「我」訊息：「我現在是真的很不希望妳遇到一些不好的。」

三、抽離情緒、環視現實：「我們十幾個真人站在妳面前」、「妳女兒在旁邊才是真的」。

四、行為改變：最後婦人道謝離去。

當下超感動的！真心認為就照著這樣ＳＯＰ，可以在一些暴走時刻，減少家裡的衝突，我一定可以！（握拳）

但，談判專家沒有整天照三餐跟恐怖分子做談判吧。（眼神死）

書翻完了前面的章節，擱置了兩周，日常生活又恢復了……歌照唱、舞照跳、架照吵、桌照拍的狀態。

嗯嗯，上了許多親職教育的課程，都有提到一句話「教育不是一次就到位的」。所以，振奮一下自己，還是要繼續努力啊……

我的婆婆有沒有那麼萌？

我結婚之後，沒有婆媳問題。這篇文章可以結束了？當然不是。

近來結婚版面上，有許多靠北婆婆的文章，各種天怒人怨的瘋狂婆媳問題揭露起來嚇壞眾人。我只能說：「真的非常萬幸，我有一位非常開明、非常萌的婆婆。」

婆婆有自己的工作，我結婚初始她就表明：我不用幫忙做飯、不用整理家務。身為一個外科醫師忙碌到不行，聽到的當下還真是有點不敢相信。回想當年先生還是男友，跟著他到他家作客，我在客廳假裝乖巧的等候做飯，當準婆婆喊開動時，我卻已經累到在沙發上睡死……這麼大逆不道的事情，竟然還不是我婚後更扯的事情（值班後過累昏死在醫院值班室、半夜醫院急叩只好找出婆婆幫忙接手照顧小孩），居然一點都沒有惹我婆婆生氣過。

EQ之高、心胸之寬，在我看過諸多朋友抱怨各自的婆婆之後，我很驚訝的發現自己是多麼幸運！

開明婆婆曾是委屈小媳婦

平日，也常常被婆婆各種深具童心的趣事逗笑：一看到臉書上有人分享螢火蟲照片，馬上就抓著我們半夜翻山越嶺衝去看螢火蟲?!要不就是，去逛街，結果買了兩隻活的差點被宰的小山羊回來說要養?!（詳見本章〈養動物驚魂記〉一文）行動力之高，學習力之強，好奇心之旺盛，真的讓我好生佩服！

臉書噗浪使用上完全不是問題，新鮮事物都要嘗試的精力，讓她以近六十歲年齡，竟然還在進修高階醫技相關課程，期中考、實作考、講義共筆扎實又緊湊！

我一次很認真的請問她：「媽媽，妳以前當人家媳婦的時候，是怎樣的情況？」婆婆放下手中揉著玩的肉團團我家老二，正色：「我以前就是遇到那種很強勢的婆婆，規定很多、限制很多，連我小孩要怎麼帶都要插手。」

無意間曾冒犯?嚇出冷汗

我超驚訝的！然後想起自己對於帶小孩的方式是屬於「扮黑臉」的那種，老大阿寶跌倒不會哭，自己摸摸摔傷處後向我走來，我問是否疼痛，然後再慰問性的給予安撫；甚至連短

熱烈歡迎杯杯跟燉燉

腿老二阿圓摔到滾在地板，我也是定格在原地讓阿圓自己爬起後才給予秀秀。

我常跟玻璃心阿寶講的話就是：「哭哭有沒有用？沒有用。妳可以哭，哭完媽媽給妳秀秀，然後我們再動腦筋、想辦法。」就連，婆婆在一旁看到小孩哭，馬上就衝過去要抱小孩，都被我臭臉阻止：「不急，讓小朋友自己爬起來。」

現在想想，還真是冒出一身冷汗！原來！我無意間可能還以下犯上。婆婆又說：「小孩怎麼照顧，我都沒機會決定，那時候我就期許，自己以後當婆婆，一定要當另外一種的婆婆。」

「己所不欲，勿施於人」這句簡單的話，是人人皆知的道理，原來從那麼早以前就開始立定了目標。說真的我能夠當個自由自在、暢所欲言的開心媳婦，真的要感謝當年婆婆遇到的惡婆婆。

我的工作忙碌，阿寶幼稚園下課或是阿圓從保母家離開後，還是由婆婆接送後照顧吃飯洗澡，待我下班後再接回家直接睡覺，我能辛苦但還是維持著外科工作，婆婆是我非常非常大的助力！

也因此，我到婆家根本像是自家後院，輕鬆自然到不行。

三方各司角色，婆媳也能像朋友

檢視「婆媳關係」其實身處在當中的，不只婆、媳、還有先生，眾人都有再如何友善都要堅守的立場跟不能跨越的界線。

身為婆婆，長輩的身段不能當一輩子的令箭，該放下、該裝傻時，讓年輕人去決定就好。身為先生，一定要挺住太太的所有意見，媽寶不該是身為一家之主的格局，幫忙生孩子、胼手胝足陪伴到生命最後一刻的，終究是另一半。

而身為媳婦呢？能跟相處婆婆如友是三生有幸，但若真有什麼爭議要反應，適時閉嘴，讓先生去私下傳達。

再親不如血親，適度拿捏關係遠近，才有最好的喘息空間。當然，我自己是從醫療受訓環境中，看到眾多護士學姊們欺負學妹，深深了解「女人最會為難女人」，故而理解其實很多身處在嚴苛婆媳問題當中的女性，真的是過著非常水深火熱的日子。

希望這篇文章，能多少給大家一些另外的觀點：婆婆不一定要倚老賣老，媳婦也不一定得溫良恭儉讓，就算這樣還是能開心輕鬆相處，比起婆媳，更像是朋友的關係。

就算到老，依舊可以活得無比精彩，祝福我那世界上最萌的婆婆，天天開心、永遠年輕！

養動物驚魂記

我那天馬行空、常有神來一筆的可愛婆婆，有一天突然打了通電話：「喂！我買了兩隻羊。」

乍聽之下以為是兩隻羊「的肉」嗎？當時一聽整個腦袋無法轉過來，再次問她確認：「什麼兩隻羊？」

婆婆：「兩隻小羊啊！」

轟～腦袋一陣巨響，電話那頭背景聲音傳來羊咩咩叫的聲音。我婆婆逛街逛到買了兩隻活生生的小羊回來！

婆婆養了兩隻羊，這只是故事的開端……

「好想養唷！」、「咩咩叫的聲音以為是小嬰兒在哭好可憐」、「老闆說養肥了要宰唔湯（台：不行）啦」、「老闆說很好養」……

絮絮叨叨的連串追加，整理了一下才知道大概是這樣：我婆婆去買東西，經過了店家門前聽到類似像小嬰兒哭聲的聲音，嚇一跳！找了一下，看到門口綁了兩小狗一樣的小小山羊，一黑一褐。

好奇心殺死很多隻貓，有著全世界最強大的好奇心的婆婆就問了老闆這是啥？結果一聽到老闆是從山裡抓來要養肥宰了吃的，瞬間「唔湯、唔湯」，連忙著問老闆可不可以把牠們放掉？

老闆反問：「那妳要不要養？」於是就有了這樣一個開端。

老公跟他弟知道後都雙手雙腳反對！蜜蜂先生：

與杯杯與燉燉相見歡（圖片來源：劉宗瑀）

「妳不要亂養這個啦！妳會養嗎？」蜜蜂弟：「養什麼羊？妳養好自己就好，小時候都快把我養死了。」（我心頭一驚：這麼直接啊?!）

倒是我家兩小聽到有小羊咩咩可以看，非常高興。結果，阿嬤一心歡喜，就給它買下去抱了回來！小小的羊咩咩好像玩具，在充當儲藏間的小廁所裡跟小孩相見歡。

於是我們家就忙了起來：羊要吃什麼？怎麼餵？大便什麼的要怎麼照顧？大夥拚命找資料，這時候婆婆的一堆長輩群組內，知道婆婆養了兩隻羊，都紛紛表示「好棒」、「讚」、「功德無量」、「需要贊助多少？」……

是的，婆婆從老闆手裡救下兩隻小羊，就花了不少白花花鈔票，這下瞬間有了許多贊助商，用最夯的集資方式，竟然也籌款到不小數字，足以打平之前的花費了！

「好像說喝奶粉就可以了」於是大家分頭去找奶粉；「好像說路邊野草也可以」，於是婆婆出門到對街的小公園拔草。這時候的傍晚時間，兩隻小小羊就跟我們家的小鬼們一起亂叫亂跳。

羊咩咩，水土不服?!

直到吃完晚餐，小孩們提出要再去阿嬤家看小羊時，情況開始有點奇怪了……本來還站直直不時跳一跳的小羊們，一隻黑的癱平，一隻褐的還勉強坐姿伸著脖子。

我推開小倉庫的門，被那隻黑的狀態給嚇到，因為，我門直接打開就推到牠的頭，一點反應都沒有！我蹲下來仔細觀察（急診急救第一步），小黑羊有著非常淺非常淺的呼吸，但還睜著的眼睛，被門板直接撞上，完全不眨！這隻羊沒有 Corneal Reflex 角膜反射（碰觸眼睛角膜會馬上反射閉眼）！

我倒抽一口氣，連忙跑去問老公：「那個，雖然我是人醫不是獸醫，可是我覺得那隻黑色的怪怪的耶～～」

老公探了探頭，說：「不是本來這樣的嗎？」

咦？差很多好嗎?!

這時候已經到哄小孩上床睡的時間，我略微不安的告誡老公，一定要跟婆婆再確認一下唷！就先帶小孩回家了。

結果，是的，結果。過了又一段時間，婆婆再聽到我先生提起，再探頭去看小羊們時，大驚：「唉唷！怎麼兩隻都癱了啦！」馬上急電要蜜蜂兄弟找可以急救羊的獸醫。

大半夜的，有的抱羊上車、有的電腦 Google、有的電話詢問：「您好請問是某某獸醫嗎？你們有在看羊的嗎？」「對，羊，咩～咩～叫的那種。」

對著電話學羊叫，這大概是我這輩子最奇特的經驗了……好不容易整個大高雄找到半夜可以羊羊急救的獸醫診所，我先生出門前還一直告誡婆婆：「就跟妳說齁不會養不要養，看吧！還募資！人家說妳詐騙咧！」婆婆只好摸摸鼻子。

抱著：「生要見羊、死要見屍」的精神，「好歹要給羊羊贊助商」們一個交代，在獸醫抽了血，確定兩隻都電解質不平衡，需要點滴一整晚看看之後，大家先行回家。

養動物，就是一種責任！

當時本來還在網路上分享了養羊奇遇記的，沒想到瞬間就變成要找急救的獸醫資料。我有點心虛，因為眾網友們還紛紛提供可以養羊的牧場資訊，而我們這邊不知道隔天去獸醫診所是收拾還是收屍。

結果隔天答案揭曉：「救活了！」天啊！這簡直是羊羊界最幸運的小羊了！當時我們也連絡上可以收養小羊的羊奶牧場了，馬上蜜蜂弟驅車前往拎了又開始會咩咩叫的小羊，立刻、馬上、瞬間！直接開車往牧場衝去。

據蜜蜂弟所說，一到了牧場，主人拿出小羊專用的奶瓶，兩隻小羊馬上就咕嚕咕嚕狂喝起來。看來是前一晚在我們折騰下，沒有吃飽。

總之，平安到了能夠順利長大的地方，可喜可賀、可喜可賀！

勿擅自亂養"野生或不好養的"動物唷！

最後結餘，扣掉購買兩隻羊的成本、跟急救了兩隻羊的獸醫診所費用，從各善心贊助商募款而得的費用，完全倒貼～～蜜蜂兄弟一整個人仰馬翻不說，小孩聽到羊羊隔天送走還大哭，真的是齁……兩年了，中間不定時會收到牧場的消息，現在兩隻羊已經長大囉！

對於飼養各種動物，其實收養過多隻流浪犬的我們，跟孩子講得很清楚：要養就要負責，不懂就要搞懂。這次的經驗真的是非常記憶深刻啊！

我的過動婆婆

「吼……媽媽，妳看妳兒子啦！」

「兒子！你這樣就不對了！」

這不是什麼特別的家庭劇，這是我跟婆婆聯合起來一起念我先生的場面。

是的，在我婆家，我跟婆婆就是這樣無隔閡，可以像親母女那樣，一起聯手嘮叨先生（笑）。

在我結婚之前，我所眼見的「婆媳關係」，不管是同事或朋友的，常有如電視劇那樣狗血：閒話、耳語、表面，除了表面的粉飾太平，一切都暗潮洶湧，一點都不太平！

朋友小蘋：「我們跟婆家住，婆婆堅持要我每晚下班回家之後，做全家人的晚餐，然後等大家吃完了才能休息。」

同事果果：「婆家是大家庭，我們沒住一起，不過，只要周末就得回去吃大桌菜，但是因為我的身家，她覺得配不上，所以吃飯時我沒有座位，要用站的！不然，就是自己拿飯到廚房裡吃。」……

這類的故事，往往聽到讓人抓狂又悲傷，因為講的當事人通常都身陷在這樣不平等環境當中，卻無力跳脫。當時我自己也非常害怕，生來神經大條的我，最怕遇上這類宮廷劇了！真要遇到時，我可真不知道怎麼處理好。

不必做家事的媳婦

直到我結婚後。

婆婆：「妳不用做家事沒關係唷！」

我有點詫異……雖然又小小慶幸著！從小家事手拙，洗衣服搞到洗衣機壞掉、整理房間往往愈整愈混亂。我親媽很早就嘆氣過了（苦笑）。

婆婆：「我自己家事做慣啦！妳要上班又有自己家裡要整理，不用擔心我這邊啦！」

於是，婚後，不只是家事，我在婆家連其他煮飯、整理菜……等等，一次都沒碰過。但是我負責的部分，舉凡有誰身體不舒服、要吃藥、要看病、要住院，我都是立刻處理到底。

儘管如此，在內心深處，我還是小小的略微不安過：「真的可以這樣嗎？」

直到一次婆婆腸胃炎在我醫院住院後，出院，同事講起我才知道，我婆婆真的心胸寬大到完全不計較，甚至連住院期間，她逢人遇到就稱讚我是「她的好媳婦」（羞赧）。

我的過動婆婆

所有婚前的疑竇，每次看到婆婆精神奕奕又開心的跟人抬槓著而解除，我都會非常佩服起她的個性！

常常跟先生稱讚說：「我覺得媽媽真的很厲害耶！」

先生挑眉問：「是哪裡厲害？」

於是我就會舉例說出比方：婆婆學會用臉書成立粉絲團耶！婆婆還會用 tag 標記功能耶！婆婆剛剛才說想找套洋裝馬上就在網拍連結上搜尋出結果咧！

先生笑翻：「啊就是她很會學年輕人的東西啊，跟妳講，她根本是過動兒！」反而是我制止他怎麼這樣講～～

直到結婚後多年，更深更深的了解到，此話不假！

事件1

婆婆看到網路上有人分享，哪裡的山莊有螢火蟲季，隔兩天後她臉書動態也出現在當地打卡。

我驚訝：「老公，你知道你媽跑去看螢火蟲嗎？」

先生：「有嗎？」

我轉向手機：「你看，她還抓到螢火蟲在手裡，在打卡！」

事後我們詢問，婆婆說：「啊我就看螢火蟲季節開始了，想說自己查一下地圖，就坐了三種交通工具過去啦！」

事件2

婆婆聽說有不錯吃的醬料作法，就嘗試著食譜，很開心的說要分給我們吃。一看到婆家庭院裡擺滿了上千罐醬料，我們所有人都有點崩潰！

我：「媽，這什麼東西？怎麼這麼多！」

婆婆：「就上次我說很好吃的XO醬啊。」

我：「怎麼會這麼多？」

婆婆開心：「因為覺得好吃，想要分給大家，所以拜託認識的工廠，還是有認證的工廠唷！手工很多很複雜呢，可是材料跟口味都超好的！」

先生在一旁眼神死，我則是整個下巴幾乎都掉了……想起之前，婆婆逛街買回來了兩隻活的小山羊（見前篇〈養動物驚魂記〉），那驚天地泣鬼神的創舉，果真是不能小覷啊！

事件3

這是我最最最佩服婆婆的故事。其實婆婆自從退休之後，就一直非常認真的在念書。沒看錯。念書。

她說之前工作時抽空去遊山玩水已經玩夠了，她最想要的是把年輕時還念不夠的書好好讀完。

她念的是專業「牙體技術師」，光是準備申請就花了她兩年時間，然後跟所有考生一起參加國英數考試，再花兩年時間天天上課、做共筆、考前複習等等行禮如儀。

我超不能理解的啊！身為一個被台灣教育體制荼毒的醫學生，我這輩子最恨的就是制式的考試了！雖然我很擅長，但，聯考一丟掉考卷那刻，我就再也不要這樣考試念書了！結果

怎樣？不錯吧！
好吃耶！
嗯！不錯不錯！

媽！妳幹嘛做上千罐啦 !!!
啊你們不是說好吃～

沒想到，眼前這個孜孜不倦，拿著老花眼鏡畫螢光重點的婆婆，真的非常樂在其中念書！

牙體技術，也就是早期的「齒模師」，不只要念書，還要動手，所以我婆婆家裡瞬間多了一大堆齒模的蠟塊、石膏，常常看到我家兩小孩抓著不知道從哪裡拓下來的牙齒模型在玩……更別說，婆婆念的書是連我都讚嘆不已的「顱顏神經肌肉解剖」跟「牙科概論」。

常常，婆婆念著念著，轉而找我問：「妳那邊有沒有某某方面解剖的書？」然後我就會找出當年我念醫學系的資料，影印給她。

我超感慨：「真難以想像耶，我居然會有把醫學的課本影印給婆婆念書的一天。」先生在一旁攤手。

抱定主意參加國考的婆婆，是的，國考。用身體力行示範著活到老、學到老、開心到老，婆婆努力準備著，祝她考試順利！

偷偷來爆非典型婆婆的料！

之前提過，我婆婆既過動又好奇心強、活動力大，標準就是人家說的「老小孩」，為了退休後生活太無聊而跑去念在職進修班然後考過國考不說，還考過兩個不同科目的國考……

是的，除了之前提到的牙體技術師（俗稱的齒模師）之外，念完也順利考過後，婆婆又跑去念了視光科……

我的膝蓋早就已經不知道送了幾次給她了拜託好不好！

而且婆婆是那種全勤的好學生，筆記勤快、上課認真，念到頭頸部解剖時還跟我借醫學系的圖譜去查。後面念到視光，開始要算鏡面的折射率，還超認真在那邊算物理！

天啊！我物理都不知道忘光到九霄雲外哪一頭了！難怪婆婆在他們班上成為學霸級的代表，每次筆記都被搶著抄。

而，上帝開了一扇窗，必然……哈！

婆婆一開始在我剛接觸她時，還沒有這麼充滿聖光，而是呢……其實也有非常兩光到搞笑的地方。這就是我這篇文章重點要講的（笑）！

塞滿兩個冰箱的婆婆不會做菜

她非常，不會做菜！這是我跟蜜蜂先生交往後第一次到她家作客時心中無比震驚的印象！（啊～～婆婆對不起我還是說出來了。）

之前網路有個活動就是分享家中長輩冰箱囤積的照片，我看了好激動啊，因為我婆婆她就！是！這！樣！而且，她不只是塞滿一整個冰箱如此滿，她有……兩個滿滿的冰箱！

我記得當時還是住院醫師，剛值完班到了蜜蜂家時我整個精氣神萎靡，第一眼看到家裡有兩個冰箱、還裝了滿滿的東西時，腦袋完全轉不過來！

依稀記起踏進門前蜜蜂先生笑笑著說：「我媽很不會做菜唷！」當時很不以為然。

親眼所見兩個冰箱才震驚到有點當機、瞠目結舌了許久想著：「那這個……應該是很會做菜的意思？」

結果又讓我再受到了震撼教育！

不！我婆婆超不會做菜的！但是她超愛做菜！

當時正值晚餐，桌上已經放了她中午就做好剩下來的幾盤菜，她還在廚房開心繼續做飯、不讓我幫忙，趕我上桌先吃，礙於長輩如此盛情該有的禮數，雖然猶豫我還是坐下來淺嘗幾口吧！

結果舉箸猶疑不定，因為……不知道要夾那盤看來已經有點泛黃的某種勾芡菜葉好？還是那盤醬汁的深黃已經滲入肉裡的煎魚好？

最後沾了魚那盤以後，小嘗，嗯……很，微，妙。

我默默放下筷子，很尷尬的看著蜜蜂先生，他則是一臉坦然，還邊扒著大碗飯配菜邊講：「沒關係啊！不吃沒關係！等我吃完我們再出去買鹹酥雞。」

當時其實體力繃到極限、又沒有食慾的我，居然也就真的這樣放空了下來，婆婆端湯上桌時我幾乎已經累趴在桌上，這就是我這個逆媳第一次到婆家作客的慘況（苦笑）。

後來離開後，我偷偷問蜜蜂：「你們從小都吃這種唷？」蜜蜂狂大笑！

欸不是，說真的啦，因為蜜蜂自己本人其實還滿會做菜的，所以我以前認為是家學淵源之類的，才知道那是「生命自己會找到出路」。

而且不只蜜蜂先生，蜜蜂弟也很會煮，還曾是義大利餐廳主廚，手作披薩、水波蛋黃麵樣樣來！都好吃到不行！

儘管這樣，蜜蜂兩兄弟，都很捧場婆婆的菜，每次都看他們大口大口把已經回鍋了不知道幾次的菜吃光、把冰箱清光……然後婆婆隔天又去市場買好買滿、像築牆砌磚一樣把兩個冰箱再次砌滿，就覺得他們這家人真的無限有趣啊！

蜜蜂弟被養出旺盛生命力

說到蜜蜂弟，其實他自己本身有嚴重的食物過敏，「任何有腳的海鮮食物都不能吃」他自己說，所以……干貝可以！花枝（有腳）不行！蝦不行！魚……可以！魷魚不可以！一吃到就會嘴腫舌頭腫，看得我心驚驚，那可是會惡化成咽喉水腫、是滿嚴重的食物過敏耶。

結果，婆婆超級不在意！照煮、狂煮、給他煮爆！

煮完後自己吃不完、或是自己吃了發現沒想像中好吃（咦）、就要蜜蜂兄弟幫忙吃完（笑）。結果有一次，我看到一鍋燉煮了多次、內容物不明的咖哩，想說我也吃吃看好了。嘗了一口後覺得……這不只是不行，好像還有怪味了。

轉頭看到蜜蜂弟大吃特吃，我有點擔心問他：「你不覺得味道怪怪嗎？」

蜜蜂弟：「這不是檸檬咖哩雞嗎？」

婆婆正好經過：「咖哩雞而已啦！哪有什麼檸檬？」

蜜蜂弟整個大驚、放下碗：「那酸味不是檸檬嗎？挖咧我已經吃了幾大碗ㄟ！」

婆婆：「我看放冰箱好幾天啦！想說你幫忙吃完，我也有吃啊哪有酸味？」

結果，蜜蜂弟這時嘴巴開始腫起來了：「慘了！過敏！媽妳裡面是加了什麼海鮮？」

婆婆：「還好啦！就丟了一點乾魷魚腳想說入味！還可以吧？」

當然是整桌炸開！

身為一個已經下班了不負責急救的外科醫師，默默退開餐桌邊，心中想，啊……還是遠離危險，生命要顧。

想起很久前曾經聽蜜蜂講過一次，說蜜蜂弟小時候曾經差點被婆婆養死！每次講到這個婆婆就會喊冤再喊冤，說她不知道啊，明明蜜蜂就很好養啊，怎麼到了蜜蜂弟就不喝奶只顧著睡了好幾天、臉都黑黑乾乾皺皺整隻瘦瘦小小的……之類的。

的確，看到蜜蜂小時候的驚人米其林照片，應該就是好睡好養的那種。

結果再聽到婆婆講蜜蜂弟當年，說連睡了好幾天，才被別的嬸婆覺得怪送醫吊點滴（ＸＤ）。欸，

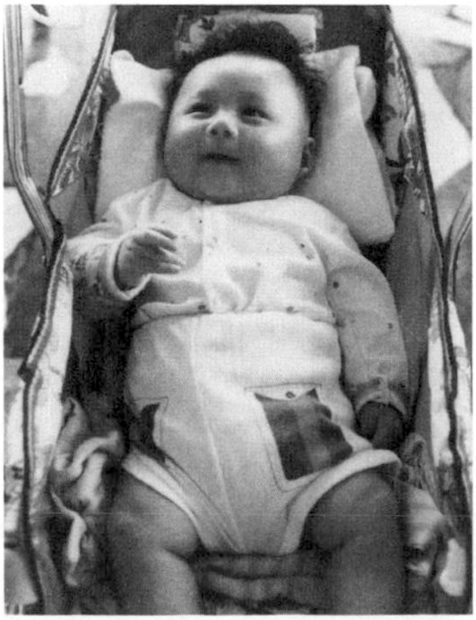

蜜蜂先生小時候頭好壯壯（圖片來源：劉宗瑀）

我這樣聽起來，應該是新生兒脫水到甚至黃疸了耶！

每次都覺得太唬爛！怎麼可能啦！

結果吃過幾次婆婆的菜、看她養了一晚上的羊被餵食野草差點死掉，我只要再次聽到蜜蜂弟抱怨婆婆說：「吼～～我哪次哪次差點被她養死掉！」我都會超認真、誠懇的對他說：「是真的、我相信你」！

總之，感謝婆婆讓我知道，女人廚藝（我說我）不用好沒關係，但不要煮到出人命。（我弟可能又要抗議了：屁啦！明明就是妳那次煮了害我們吊點滴！）

咳咳！也是因為這樣，我一年平均下廚一次，煮煮水餃、加熱罐頭湯之類的，每次蜜蜂先生都異常捧場，吃得感激涕零。

讓我婚後近十年廚藝繼續不需長進、維持在原地踏步，都要感謝婆婆啊（雙手合十）。

CHAPTER 5

陪伴孩子的純真，與生命對話

曾經我們聽得懂鳥與風的對話

自己當了媽之後，偶爾會有這樣的時刻。兩個女兒在玩耍，同時聽到某種有趣的聲響而一起笑出聲來。或者是，一個在哭，另一個明顯感受到不安而在一旁擔心的注視著，然後變得異常安靜。也有些時候，一個已經在「起歡」（台語）了，另一個還故意要去捉弄對方……更多時候是，一個起頭發出吵鬧、開始在彈簧床上跳跳跳，另一個撐著小短腿也要跟著跳跳跳、叫叫叫，然後整間屋子或是整台車吵到所有大人眼神死。

然而這些，都是屬於有了小孩這樣不受控制生物的「動物觀察頻道時間」。這些時間，有些讓人抓狂；有些會被氣到破口大罵；但其實更多時候，是會忍俊不住、被逗到跟著笑出來。

妹妹牙牙學語學著姊姊的小大人樣，或是姊姊細心呵護著妹妹牽手走路的模樣，身為媽媽，都覺得非常神奇。神奇於：生命、連結、牽絆、理解、學習、愛，這些深澀的詞彙，竟然就這樣流瀉於小姊妹幸福相處周圍的淡金色空氣中。

當媽之後的神奇轉變

更神奇的是，自己心態的轉變。我曾經在演講時，台下突然傳來小孩的軟語呼喚，原來是聽眾帶來捧場的，當下被打斷的瞬間，我反射性微笑的跟小孩說「嗨～」，然後發現自己笑彎了眼。

也曾經在忙碌的乳房門診時間，有乳腺炎問題的母乳媽媽，背著才兩個月大寶寶在等候區手忙腳亂，哄哭、餵奶、換尿布，在她更衣等待做超音波期間，我無比歡喜的幫她照顧一下寶寶，軟嫩香香的小寶寶，被我逗到咯咯笑。發現自己能夠被孩子的天真給「療癒」到，更發現自己對於哭鬧、不那麼社會化的噪音，多了更多包容力。

明明當年我在大學時，超級討厭小孩在公眾場合哭鬧的，還曾經在火車上痛罵蹲地跺腳大哭的孩子及其家長。但直到自己體會過那種孩子失控、自己理智也爆表、周圍人員瞪視施壓、橫抱小鬼像橄欖球一樣奪門而出的氣極敗壞，我才真正了解到，在公眾場合過度的社會化要求下竟是多麼辛苦。

外科快狠準，心理問題細火慢燉

我自己是外科，受訓的方式就是以快、狠、準、效率，來處理「生理上」的問題。但是對於這種語言不精確的、情緒的、非邏輯性的大小問題，快狠準絕對沒用！如果對孩子硬碰硬，往往更折騰雙方。

怎麼辦？這時候「心理上」的問題就要由專業的「兒童心智科（兒心）」，由「精神科」所細分出來的次專科，來慢慢解讀這些訊息。好友就是所謂的兒心醫師，在我們對話的時候，就常常會有我這個外科氣到跳腳，對方卻慢慢、溫柔的分析著各種可能心理機轉的場景。

我曾經在門診，遇到過外傷病人，開立診斷書卻字斟句酌諸多疑問跟指示：「醫師，挫傷跟鈍傷有什麼不同？還有妳那個顱骨的顱，怎麼寫起來跟觀看的觀很像？確定？妳確定嗎？」當下我只能忍著，但急躁已經由手指在桌上彈敲而洩露出來。

兒心的朋友呢？也曾經遇過，應該說是更常遇到，有一次朋友分享，看診時遇到一個字都不肯說的病人，但家長跳針般的不斷嘮叨，最後朋友是發現到病人隨筆所畫的符號竟然是自己設計的文字，從而有了切入點，也順利化解家長的不安而放鬆冷靜下來。

而整個對談時間長達近半小時。半小時！外科醫師看診如果被問半小時就會崩潰啊……

在聽到這樣的故事，我深深自省，自己在面對這類不易進行快速對話的對象時，不管是病人、朋友、或是自己的小孩，從內心油然而生的急躁感，或許是單方面講求效率跟績效的社會風氣，影響到了我自己。

會不會等小孩再更大了，開始盯看功課了，這樣的缺陷就會更放大？反觀朋友這種解讀如同星星跟風所講的語言的能力，就像是具有魔法的神奇保母瑪麗包萍啊！

小孩都愛放屁聲

我們曾經聽得懂鳥與風的對話

兒童文學經典名著《保母包萍》系列裡，有一段我非常喜歡：兩個才數月大還在學爬的嬰兒，約翰和芭芭拉，是家裡最小的雙胞胎。他們的特技是「脫掉襪子」與「把腳趾塞進嘴裡」逗大人開心，但他們不只懂人話，還能跟鳥聊天！

「比如說，」約翰繼續說，「我們說的話他們聽不懂。更糟的是，他們也不懂別的東西說的話。」

「他們以前也聽得懂。」瑪麗包萍說。

「什麼？」嬰兒約翰和芭芭拉同時大吃一驚，「真的？你是說他們也聽得懂鳥和風和……」

「還有樹、陽光和星星的語言……他們當然都懂，那是以前的事了。」瑪麗包萍說。

「他們現在為什麼都忘了呢？」約翰皺起眉頭。

「因為他們長大了。」瑪麗包萍解釋。

陽光穿過房間，繼續拖著長長的金色光束挪動。窗外輕風吹起，暗暗向櫻樹巷低語。

「聽哪，風在說話，」約翰把頭歪向一邊，「瑪麗包萍，等我們大一點，就真的聽不懂這些了嗎？」

「你們還是會聽到，」瑪麗包萍說，「只是聽不懂了」。

——經典兒童文學《保母包萍》系列

我們長大了，我們動作更快了，更守規矩，更社會化了。我們懂得在捷運上要安靜，轉而瞪視那些哭鬧的小孩，無視於媽媽多努力的想要試著安撫。我們急著把遊蕩於街上的、緩慢於樓梯間的、需要輔助才能穿衣吃飯的那些人，圍起來，關起來。無視於他們或許跟我們所有人都一樣想要「去愛、去工作」。我們忘了用更柔軟的心，去包容一切跟自己不同的群體，甚至試著去陪伴，去傾聽。

我常常反省當年我在火車上怒罵的那個孩子，相對於全車異常的沉默卻不斷投來不耐的眼神，如果當時我蹲下來，仔細問清楚那孩子，他是怎麼不舒服？抑或我拿些小東西轉移他的注意力？結果會不會不一樣？

我想起在門診遇到那些焦慮跳針的病人。我想起那些因為求助無門、帶著孩子東奔西跑到處求名醫特效藥的孤軍奮戰家長。

多些包容和理解，喚回溫柔的能力

我想起，兒心朋友近來因為過動兒治療中有一部分需要靠藥物，為此議題被刻意攻擊。

我：「你們怎麼不著急啊？有時候社會偏見都騎到你們頭上了。」

朋友苦笑：「其實最辛苦的是一些家長，本來服藥控制良好，卻被加上內疚跟罪惡感而放棄……」

我：「你們要出來解釋啊！」

朋友想了想：「嗯，真的，這要出來好好說明。」

我一拍額頭：「根本就是電影《動物方城市》裡面的樹獺，極具療癒，但超級溫吞！」

朋友連笑都非常樹獺：「樹獺們就要急行軍啦～～」

願能用更多的包容，來體諒跟理解，陪伴。或許有那麼一天，我也能稍稍的回憶起，曾經聽得懂鳥與風對話的那段，最純粹，最天真，淡金色的記憶。

媽媽的眼淚，是因為知道你可以

試想，眼前的小小身影，不久之前那樣的模樣，相較於現在……

當老大在幼稚園校外表演上，自信、專注、整齊的拿著鼓棒，跟著轟隆節奏聲打下各種變化節拍，我跟著其他家長興奮拍照之外，更多了滿臉的淚水。當年聽到鼓聲、喇叭聲、廟會鞭炮聲、煙火聲，就哭鬧、吵著逃離現場的小小孩，竟在不知不覺中，已經長大克服了！

「長大」這兩字，背後竟然有那麼大的意義。

日前看了一個美國選秀節目《美國達人秀》（Super Star America's Got Talent）二〇一七年的影片，裡面有位九歲小女孩「安潔莉卡」，經歷過重病、接受母親捐腎後復原，站在舞台上，用小小的身軀唱出宏亮的嗓音，感動了無數人！身處過捐贈移植團隊，深知在一個小小孩的身體內，必須承受捐腎是多麼重大的病情。

安潔莉卡的媽媽在說到這段病史時，輕聲說著：「那時候我們以為要失去她了。」除了小孩子的腹腔空間，要放下成人尺寸的腎臟，可以想見刀疤的長度之外，她終身需要服用抗免疫藥物，任何大小感冒跟疾病、用藥治療，都必須謹慎小心，避免引起感染、排斥、腎功能衰竭。

當安潔莉卡站上舞台，當她用嬌嫩童音說出未來的夢想是成為「下一位惠妮休斯頓」，眾人為之心折的長嘆。在她開口唱出嘹亮嗓音時，全場所有疑慮都煙消雲散了！更可以相信的是，滿滿的震懾，當她唱到歌詞：「I'll rise up（我將振作）. And I'll do it a thousands times again（成千上萬遍）For you.（為了你）」無不感動到內心深處啊！

我特別注意到，當安潔莉卡步上舞台時，她的父母已經在後台淚流滿面了。儘管她還沒在世人前開口，但那瞬間的淚水跟激動，我懂。

想起當年的老大，對於黑暗、聲音的反應，纖細敏感，身為完全粗枝大葉派的父母，讓我跟先生常感意外。參觀海生館，全程緊閉著眼睛不願看漆黑水族；廟口放鞭炮，必須驅車駕駛逃離好幾個街口不然會徹夜哭泣；就連幼稚園安排的太鼓體驗課程，也只能掩耳落荒而逃……滿腹的疑惑，用強迫式？逃避式？我該怎麼做才好？

後來看了一本書《高敏感是種天賦》，裡頭提到：

大部分高敏感族自新生兒時起，就對刺激表現出強烈的反應。

例如：氣球破掉、牆上掛著陌生顏色的安撫玩具、又或是媽媽原本對著嬰兒微笑卻突然一反常態一言不語等各種情境。心理學家傑洛姆・凱根（Jerome Kagan）以五百名四個月大的嬰兒為實驗對象，結果發現每五位就有一位表現出不同反應。

這些「高度反應型兒」，追蹤到兩歲、四歲、七歲、十一歲，反而比同齡孩子對人生有更深層的思考，沉穩、安靜的成長為一位具有內省特質的人。

慢慢了解到這是特質的一種後，跟老師請教、慢慢觀察、不斷學習，就這樣經過一段時間後，突然看到自己的小孩，如此勇敢能夠站在台上。我們不用跟別人比較，跟之前的自己比，就夠了！

每個小孩都是不同特質的小種子

在女兒太鼓表演當下，哭到滿臉淚流的我，深知，能夠打鼓對很多其他小孩來說，應該是簡單不過的了，但，只有自己經歷過前面的那段，才知道箇中甘苦。

每一個小孩都是小小的種子，各有不同，終有一天，能夠面對世界開出綻放的花。在那之前，每一個洩氣或是疑惑的父母們，請在心中響徹著這首歌：「I'll rise up（我將振作）. And

I'll do it a thousands times again（成千上萬遍）For you.（為了你）。」（註：九歲小女孩安潔莉卡，最後得到二〇一七年美國達人秀第二名。）

看著台上的小孩成果表演…

媽媽哭到淚流滿臉…

唉唷那個這個…就是反正很感動啦

你和孩子如何看待「說謊」呢？

還記得，孩子第一次的說謊嗎？

不管是偷吃了糖被發現卻鼓著腮幫子，還是滿地滿手滿臉痱子粉卻誆說自己沒有玩，或是到了年紀大一點，和班上同學之間交換了東西、偏偏是剛好家裡禁止的違禁品……身為家長的，當下心中會有什麼感覺呢？我自己很誠實的招來，我是超震驚的！

什麼?!你給我拿家裡的東西去換？或是……什麼？你之前都會誠實講的怎麼這次？

天啊?!我是不是教育失敗？

天啊?!我要去問老師還是哪個專業翻哪本書？

天啊?!我根本現世報？（然後腦中浮現自己從小到大怎麼折騰自家爸媽的走馬燈。）

這是我之前的真實寫照。

當時問了小孩已經較大、較有經驗的同事們，大家七嘴八舌，唯一的共識是「這是過渡期」。過渡期啊過肚臍，過了這個肚臍就天下太平了嗎？哪有那麼好的事！父母可是一世的帶髮修行啊！

不過看到一篇紐約時報的文章〈你家的小孩說謊嗎？太讚了！〉真的讓我哭笑不得。

文章內的科學家實驗發現，孩子從兩歲起會表達意見，就開始會說謊。撇開道德的因素，會說謊的孩子其實是聰明的表現，因為他們一方面要控制言行一致、保持高度專注，還要能從他者的角度來思考轉換，這些都是智商的重要表現。甚至可以說，說謊對腦部有益。如果換算成ＩＱ分數，說謊的小孩平均高十分。

那麼是否這樣就不管教孩子關於誠實的重要呢？當然不，畢竟在社會化中團體相處，「為自己的所言所行負責」是很重要的教育一環，科學家也發現，鼓勵遠比處罰更能夠達到激勵誠實的效果，而如果事前認真告知過孩子、行為約定過後，孩子們說謊的情形就會大大減少。

文章中的實驗甚至使用了「承諾」這個詞，有趣的是，就連極為年幼還不懂這詞彙意思的小小孩，還是能夠懂得「為自己言行與他人進行約定」的意義。

是否真有「善意的謊言」？

話說回來，大人都知道身教言教，但有沒有什麼時候會是「善意的謊言」，其善意重要性遠高於謊言本身呢？可能各家的情況會略有不同，但是我不禁想到近幾年來依舊維持著的「全民大人說謊給小孩」風氣的「聖誕老公公」傳說（笑）。

當然，關於有無，每個家庭都有不同的見解，而我是屬於那種「熱中於營造聖誕氣氛」的，基本上只要過了萬聖節就可以開始把聖誕樹搬出來、再三耳提面命小孩關於聖誕禮物的神秘移動方式、聖誕老公公送禮名單等等，而會有這樣的心情，我也在〈讓孩子幸福的聖誕謊言〉這篇文章中看到最完美的詮釋。作者是神經學教授，也是嚴肅的母親，但她偷藏的聖誕禮物被小孩意外翻出時，也是絞盡腦汁用非常有趣的藉口圓謊了過去。

根據聖路易斯華盛頓大學（Washington University in St. Louis）研究記憶的教授帕斯卡爾・博耶爾（Pascal Boyer）指出，所謂的情節記憶（episodic memories），當特定事件被回憶起來的時候，大腦的情感區域，以及本能的反應都會被激活——比如看到熟悉的情景、聞到熟悉的味道、聽到熟悉的聲音，觸發起過去的回憶時。這樣，你就會重新經歷過去體驗過的感覺，可以認為這種回憶既包括整個身體的記憶，也包括大腦的記憶。

於是，節日令人期待，街頭的音樂、布置的場景、家庭的固定活動，都會成為大腦永恆的記憶，成為一個會讓大人們微笑看著孩子歡笑的快樂時刻，在有朝一日孩子終究知道聖誕老公公就是那個扮黑臉白臉的老爸老媽來臨之時，依舊是令人期待的。

隨著孩子愈來愈大，當父母的挑戰也愈來愈多，跟先生討論著，他常覺得我反應過度；我則嗆他常常反應慢半拍。

突然他問我一句：「啊妳這麼在意，是說妳小時候難道不說謊嗎？」哼！當然說啊！那還用問！（喂！）

要不然妳小時候都不說謊唷？
哼！當然說啊！
而且還更高明！
自信！

好吧…別亂學…

當孩子問起生死

朋友念國小的女兒養了小倉鼠，歡天喜地的準備了鼠籠鼠沙，結果不慎打掃時老鼠逃出籠外，被家具底下的黏鼠板黏了三天後發現時已經奄奄一息，最後在孩子號啕大哭中，由獸醫安樂死。

朋友是見多了生死的醫院護理長，她很驚訝也很心疼的看著女兒聲淚俱下、泣不成聲，一天寫著一封信給小倉鼠道歉，然後從拒絕談論這件事，到後來慢慢引導出真正的心情跟反省。

她告訴我們：「因為女兒是獨生女，所以老師有建議，可以讓她養寵物，透過養寵物的過程，讓她學習照顧，甚至學習面對死亡，因為以後她也要一個人面對父母的老、病，和死亡。」

朋友說著她緊緊抱著女兒，彷彿一放開，這個緊緊連結的瞬間就會消失一樣……我淚眼婆娑的看完朋友寫下的這段文字，無限感慨。

看到朋友分享，女兒寫給「十二天之後會再重逢」的倉鼠各種卡片跟信件，我突然想到了問她：「請問啊，為什麼妳女兒會說十二天後重逢？」

朋友說：「說也奇怪，她不知道哪裡來的認知，認為十二天後小倉鼠會重回人間，到時候她去寵物店就會找到牠了。」

我：「這也太可愛了……」

我倆不禁啞然失笑。孩子的童言童語，有意或無意，總是這樣一次次打中旁邊大人心裡的某個結。

曾經，老大阿寶也說過類似的話。不知道從哪聽來的，我問遍周圍所有大人，沒有人這樣跟她講過。但是她說：「媽媽，如果我還想變成小嬰兒，是不是要死掉以後重新從妳肚子裡生出來？」

當下我震驚到不行！事隔半年後再詢問，她反倒已經忘記自己講過這樣的話……但是，我跟先生花了很久時間，慢慢地跟她討論，人死了以後會去哪裡？人只能活一次嗎？家中如果有成員死掉，其他人會如何感受？天馬行空的談。

儘管消失，也能成為一道光

我家老二阿圓，在出生第三周時，我母親、也就是她外婆就過世了。第一、二周，母親還端著大鍋小碗來月子中心幫我備吃的。親手寫了祝福的彌月禮也還準備著。然後，彌月禮都還來不及給，就沒有然後了。

當時我焦頭爛額要在手機中尋找家母告別式用的照片時，翻閱手機看到才兩周前，家母抱著襁褓中瞪大著雙眼的阿圓，滿臉微笑的照片。阿圓的眼睛黑若夜空，似看透又似放空（雖然我清楚知道這時嬰兒視力是極差的），我不禁會想、不禁會想……如果說詢問剛會講話的小孩「胎內記憶」：在媽媽肚子裡做啥啊？怎麼找到媽媽肚子裡來啊？……等等，是某種母親自娛自樂的腦補活動，那麼，視網膜裡的成像，是否也可以說是一個如同沙漠乾渴旅人想要相信海市蜃樓那樣，「想要去相信」的一種呢？

母親給阿圓的彌月祝福（圖片來源：劉宗瑀）

曾在書中看過一段話：「死，是最絕對的存在，讓所有存在都消逝。」這裡頭，就如同孩子隨口提到的「死」之心頭一震，投射了太多我們所謂大人的解讀、認知其不可能、妄想、跟千絲萬縷的思念。

「知其不可能而我仍然想要去相信」。相信，家母曾經那麼期待著老二的誕生，摟著阿圓的那兩周，那個連結還依舊存在於她眼底的星空裡。

我相信，孩子的每次降臨、生命的每一次展現，都是獨一無二。我相信，曾經在北極的星空下看見極光舞動，就是原住民傳說的「生死交界、女神跳舞」，而我所思念卻消失的、甚至是將來也會消失的自己，能夠成為其中的一道光。

想要相信，然後，真的，相信。

當孩子問起「死」，你怎麼回答呢？

以善意和微笑愛身邊的孩子

要打開點心店的門時，我轉身告誡著：「用看的就好，手手放背後唷！」

身後兩隻小蘿蔔頭已經興奮到此刻你說什麼都好、也說什麼都聽不下去！直蹦跳！

果然！一踏進商店內，琳瑯滿目、叮咚作響的新奇小物，吸引著小孩們的眼神閃亮不已！

我像助念機撥放器一樣在旁邊喃喃放送著手手經：「不可以唷！沒有摸摸！手手咧？」

看小孩彷彿視察領土的貴族般把雙手背在背後，才覺得好笑，一轉身老大已經抱起一瓶啥飲料吵著說要喝，衝去勸說了一番打消念頭，轉頭老二瞬間捧在胸前好大一盒！嗯？手手咧？（媽媽搖手指、邊轉移注意力邊卸下那盒。）

邊喘邊拖拉著小野獸行列前進到結帳櫃台，慶幸這次「手手經」多少有派上用場，只有買大人真正需要的商品，看著結帳數字增加……增加……咦？怎麼會多這麼多金額？

店員指一指趴附在櫃檯邊緣的小朋友們，赫然各多出了一個個小玩具?!甚至有一個已經撕開一半的包裝……

這才驚覺，萬惡的商店老闆們居然會依照小朋友的視線高度，在結帳櫃檯上擺放她們最愛的小東西。

呃……媽媽一陣天人交戰又投降，掏錢繳了這次的奉納=_=

是要教幾次，手手不可以亂摸！

喜歡，就可以摸一把？

不知道大家有沒有過這樣的情境？

似乎是天性，看到可愛的東西，小孩們幾乎就會忍不住摸一把，要經由多次的學習跟經驗累積，才能夠慢慢抓到最適合的行為模式。

阿寶在歐洲成了人氣王（圖片來源：劉宗瑀）

但是，大人們呢？尤其是對於看起來小小圓圓肉肉的孩子們，是不是常常會忍不住出現長輩拚命要討摸討親、但小孩一直閃躲的畫面？（各個媽媽們點頭如搗蒜。）

這個問題在沒有對比之前，我的感受還沒那麼深。直到有機會去了一趟歐洲，帶著小孩裡裡外外遊歷了蘊含人文素養的城市。現代化的捷運與上百年巴洛克的石雕古老宮殿完美結合，我們進出交通都方便極了。

就是在這樣的情況之下，我很訝異的發現一件事情：「在當地，沒有人伸手摸我小孩！」是歐洲人天性較保守？或者是對小孩沒有喜愛？更別說我們是當地少數的黃種面孔？不！不！不！歐洲人愛極了小孩，來說說我在當地遇到的情況吧。

帶著小孩上捷運，滿滿的人潮就會像摩西過紅海一般自動讓開，直通到某個底端有人讓位，就算語言不通，也會用肢體手勢告訴我「這邊有位子給小孩坐唷」；六歲以下孩童，所有、所有、所有博物館跟遊船參觀，以及導覽、火車、輕軌，你想得到的消費只要出了房門，全部免費。

唯一的例外是歌劇，一人一座位，小孩只要能安靜入座，一樣要買票，多少錢？兩小時半由交響樂現場伴奏的《弄臣》，兒童票台幣七十五元（媽媽樂掏錢包）。

他們愛極小孩了！行走間，常常對著本來略微害羞的老大阿寶微笑，那是充滿讚賞、令人對自己投射出正面能量的肯定微笑，而我家那有點害羞內向的阿寶，竟然也在這次的旅程中，遇到太多次太多次的「微笑肯定」，慢慢增加了自信心。

這真的讓我驚訝無比！

用微笑傳達友善，內向孩子也感受得到

寶：「媽媽，他們為什麼要對我笑？」

我：「因為妳很棒啊！妳剛剛是不是自己＿＿＿＿？（按電梯、拿袋子、獨自坐座位不用父母陪……總之就是填入一個剛剛她自己完成的任何一件大大小小事情）然後妳都自己做好，不用大人幫忙。」

寶：「所以他們知道我長大了嗎？」

先生：「是啊是啊妳長大了！好棒！」（父母雙簧模式無縫接軌。）

我：「所以妳是不是下次看到人家，可以先打招呼？然後說謝謝？」

寶滿意轉頭看著窗外的多瑙河：「嗯！」答應得好大聲（笑）。

打蛇順棍上，沒意想到，阿寶真的在之後一次次會大聲對著金髮褐髮藍眼綠眼的各種人，用嗲嗲的童音說「Hello」、「Than-Q」。

哇！爸爸媽媽超驚訝的！（家有內向兒的悸動啊。）

沒想到，周圍的人們在聽到阿寶的各種招呼之後，更高興更開心，喜愛的表現排山倒海而來。

開始有人跟我們攀談、用破又口音重的英文跟先生說：「她太棒了！你以後會有麻煩了！」

繁忙到不行的觀光客必遊玫瑰花冰淇淋店，店員被閃到雙手撐著臉直尖叫……（是有沒有需要這樣啊……）

五星級的餐廳老闆搬出圖畫紙跟彩色筆讓阿寶有事可做，爸媽能專心吃飯（太感動了）！

賣手工藝品的老夫妻搬出自製的餅乾，招待我們（當然還有最主要分給阿寶）。

受到鼓勵的孩子，為旅程開啟另一扇門

拜阿寶之賜，我們的旅程像是打開了一扇完全不同的門，門後是滿滿的感動跟對孩子的疼愛！這些我清楚感受到了！

然而，你發現了嗎？最最最重要的一點？是的，在這整個行程當中，不曾有過一個大人，在未經我們父母同意之下，對阿寶有肢體的動作！！

唯一一次的「詢問」，甚至是一個媽媽想要送小玩具給阿寶的時候！當時她帶著同樣年齡的小兒子，我們前後搭乘著當地「極陡坡、極快速、極漫長」的地鐵手扶梯，相遇時兩個小孩電波相接互相你看我、我拍你玩耍起來，我們大人也相視而笑並且交談著對方孩子好乖啊！帶小孩出門好累啊！之類的。

這時那媽媽詢問了：「請問……」嗯？是要摸阿寶的臉嗎？

「請問我可以送她一個小玩具嗎？」欸？居然不是想摸臉！

你看看！這樣的情況下，本來預期會遇到摸一把或是親一下的要求，突然落空的感覺，真是太特別了！

而且不只沒有人亂摸其他家的孩子，也沒有人隨意對著小孩拍照！

如此一來能夠更感受到，他們把孩子當成一個完整個體，去尊重跟對待，一點也無損於自身的喜愛，卻能獲得到孩子更正面的回應！

這樣的環境之下，我看到阿寶變得活潑，更有信心，能夠放大步伐自行向前登登狂跑，也會自己到櫃台結帳（內向孩的媽躲柱子後面咬手帕）。

想起以前她被硬押著給這抱給那親、掙扎著要從誰懷裡離開卻不成、扭捏彆哭的模樣……

或許是「大人自身對孩童的不尊重」，讓這些慢熟的孩子們、還無法清楚表示「拒絕多餘肢體接觸」「我是身體的主人」等等想法，反而更成為一個惡性循環。

教孩子自重自愛，從大人身教做起

原來……不是「見到人怎麼不打招呼」，而是「請釋出友善的訊息，讓孩子願意接近而自然招呼」；不是「給親一下抱抱又不會怎樣」，而是「喜愛又不失尊重，讓孩子學會自重而更愛你」；不是「她現在才這麼小哪有什麼關係」，而是「她從小就開始懂、長大會更懂」……

當大人對孩子告誡著「手手放背後」時，大人們是不是自己也要想想，從請不要未經同意伸手亂摸別人家的小孩做起！

「對！就是你，手手放背後！」

走出歌劇院，同場觀眾男生身著西裝、女生身著洋裝，宛如置身奧斯卡典禮會場，就連六歲的小弟弟，也是全套西裝加領結，雖然西裝剪裁稍大有點不合身，但有趣又可愛，如此慎重的準備讓人深深的佩服著。

就讓自重跟自愛，從對待孩子開始做起。

成為大人後，看不到自己的那些小惡習

前陣子才為了小鬼吃飯挑食，又屢屢在任何時候、任何地點，一講她就開始狂哭，發了不小的脾氣。當時，正好在人家的餐廳內，除了把小孩像魔幻生物那樣拔起，她整隻發出尖叫時，我的理智也瞬間斷線！

這是什麼壞習慣啊？已經都循循善誘講了多少回？要吃飯給飯、拿到了眼前改要吃菜，好，飯放一旁改給菜，又吵著不要吃菜要吃剛剛的那口飯……等等，爸爸順手把那口飯吃掉了?!

然後就有小鬼開始癟嘴哭哭啼啼，這時候她只好把那口菜吃下，卻瞬間發現裡面有0.5公分乘0.5公分大小的黃瓜塊！「我不要～～」一聲拉開序幕、大人理智斷線、小孩徹底崩潰！

如果這種進行式有個主旋律，可以清楚看到ＡＢＡＢ段落的分別，然後，在主旋律「小孩大人暴走共鳴」的那段，ff (fortissimo) 突強音量出現，還要加上重複彈奏的符號。

深呼吸～放輕鬆～做不到啊！你崩潰個什麼？我才想崩潰啊啊啊！幾乎是每個家長內心吶喊的馬景濤表情會加上的那句台詞。

當我在網路上跟大家懺悔加據實以告了這樣的心情，沒想到獲得意外的熱烈迴響。原來我不孤單（笑）。

車上
啊…忘了汽水剛剛搖過…
噴～
齁唷！妳是阿圓*嗎？
* 阿圓：小鬼頭混亂與髒亂代名詞
嘿呀！我是「阿圓媽」
毫無反省
嘿啦嘿啦！

論當媽的自省能力

其中最讓我驚訝的是，很多人也都說，自己成為大人了之後，很多食物也是不吃不碰，照樣長的活蹦亂跳。欸？這麼說好像也是齁！

我自己不吃的東西，就多到家裡負責煮飯的蜜蜂先生，必須要寫一個列表才行。苦瓜不吃、榴槤不吃、魚肚不吃……而且還不是單樣食品不吃，還要看料理的方法決定：茄子紅燒的不吃、裹粉炸的吃；豆製品就又更複雜了：豆皮不吃、豆乾吃、百頁豆腐不吃、凍豆腐吃……

每次看蜜蜂先生一臉驚訝問我：「這有什麼不同？」我都振振有詞地認為這幾樣水分比例跟乾燥度的微妙差異，在我看來是這幾類分類為不吃而那幾類可吃等等，以下省略三千字！

這樣一回想起來，小時候的飲食習慣，不，甚至是說很多生活上的小習慣，真的確實會影響到成為大人之後，自己看不到，而旁人卻覺得你莫名其妙。

這不也是很多夫妻磨合的衝突起點嗎？光是：「清潔度」這件事，就真的是我們家整天夫妻之間互相攻防戰的重點！

我對乾淨的定義，你受不了

像是我習慣了自己房間裡（在我看來）「適度的凌亂感」，至少在我需要翻找東西時堆放在哪個落葉堆裡我還挖得出來，但是，先生就會對於某個櫃子占位、哪個籃子看了礙眼等等，頻頻提出意見：「啊這個東西收掉啦！搬走啦！」之類的，問題是我已經習慣了啊！還常常被他念（笑）。

等到我看到他身兼模型工作室的房間，有全套翻模器械、各種3C產品、去中古手機行翻出來的骨董、跟堆積如山的模型們時，「X！你好意思說我！明明你房間才恐怖好嗎？地震時我看你根本不知道要搬哪一個櫃子逃命！」然後彼此就找到機會互相吐槽一下對方自身清潔度的要求！

這邊也覺得好笑跟奇怪的一點，明明就是吃完用完東西都順手丟，彷彿韓森跟葛麗蒂丟麵包碎屑怕找不到回家的路那樣的男性們，似乎都對「把車內弄髒」非～～～～常在意！而我偏偏就是那種毫不在意的。

車內吃東西就是方便啊？不然咧！吃東西會掉屑屑很正常啊？不然咧！更不用說還載兩隻小鬼了。

結果坐車時，常見到的光景是，我忘記汽水剛搖過、一打開「ㄘ～～～」整個冒泡湧出來，蜜蜂先生慘叫兼用最快速度跟地心引力比賽，就是為了要把車內維持乾淨到FBI來拿螢光燈照都看不到反應。那個樣子，就跟當年我老爸鋪滿報紙後，才准我跟老弟蹲在後座腳踏區吃東西兼收集碎屑一樣。

老公邊念邊擦乾：「齁～～不要把車裡弄髒啦！妳是阿圓嗎？」我毫無自省的大方承認：「嘿呀～我是阿圓媽。」（笑）

這種個體差異的習慣，真的是到了大人之後就難改了，而且自己看不到還覺得理所當然。甚至有些習慣，不是小時候養成的，是到了大人時才出現的。

老師說不要一直滑手機

最近老大她的一些小習慣常常被我念：「握筆習慣要改！東西用完收拾習慣要養成！講了會不會改？能不能做到？」結果，她愈來愈會表達自己意見，也抓到我的一些小問題，其中最大的點就是：「媽媽！妳怎麼那麼愛滑手機？」

啊？從螢幕前抬起視線，發現使用手機的習慣，當年明明我才多麼不以為然。覺得別人全家外出用餐、全桌相對無言都在滑自己手機，是多麼可惜的畫面，結果我自己咧，哎呀！悻悻然放下手機，結果不到幾秒又無意識拿起來玩。

老大：「媽媽，手機很好玩嗎？」

我：「（尷尬）ㄟ……也沒有啦！」

老大：「對啊，我看妳在玩也都沒有在笑。」

居然還有這樣的解讀。(囧)

最後老大補了一記回馬槍：「老師說不要一直滑手機，媽媽，講了會不會改？能不能做到？」

哎呀，囧。

喂！！不要一直玩手機跟平板！！
ㄜ…呵～呵～
一直玩手機，
就不能兩手牽牽啦！
指花指樹抱孩子多好
妳們好吵～(笑)

放下手機，從父母開始

當人性還有著良善

最近台灣自製電玩《還願》非常熱門，很多不玩電動的網友也紛紛好奇大家在聊什麼。從實況到劇情到彩蛋解析，很多從來沒有接觸過這領域的人發現，原來電玩可以有這麼大的討論度。

但我相信，電玩對很多家長而言已經是跟孩子開戰的話題，一次在屏東燈會看超精彩的法國水上劇團演出煙火跟快艇來回穿梭的精采劇情，我身後就坐了一對母子，媽媽不斷碎念無法從手遊裡抬起頭來看一眼表演的兒子，兩人吵了半小時……（苦笑）。

灣ㄤ蜜蜂先生是做手遊的，他就曾經說過：「光是從劇本、人物設定、收集要素、甚至連眼球定位，一個電玩會依據受眾而去加強吸引、黏著度，每一個細節都是設計。」難怪好的遊戲，就算如電玩手殘的我，又超怕驚嚇聲響或突然的恐怖效果，也是很喜歡看實況主玩電動的畫面分享。

我慢慢發現，那些背後故事充滿了愛與人性善良面的遊戲，格外吸引人。電玩真的是一個很好的講故事方式。

好的故事沒有人不愛聽。而這，放諸四海皆準。就連有著嚴格自我審查、思想控制的中國，也是這樣的。

中國的遊戲跟動畫創作分享平台，其中有一位實況主我滿喜歡的，名為嵐少。她的聲線可男可女、精通日文，在分享日文遊戲的時候各種配音魂上身，非常有趣。其中一支「Familiar 不一樣的飛行射擊」，短短十一分鐘，卻非常令人感動。

這類實況的影片還有一個特別的名詞介紹：「彈幕」，就像子彈一樣飛出螢幕上方，讓網友可以留言跟發表評論。有時候字太多會遮住畫面，但如果要看這影片，就必須要把彈幕打開。

因為你看完才會知道，另一個國度，跟我們的孩子一樣約莫十多歲的年紀、或甚至是當年國高中的我們，其實有著同樣令人驚訝的善良的心。

首先介紹，遊戲開始，玩家是一顆白色發亮光球，要用「)」符號的子彈攻擊任何會朝向自己飛過來的東西，這種設定很常見在《雷鳥號》、或任何太空射擊遊戲當中。然後到了每關的最後，需要把鐵鍊綑綁住的彩色小光點解救出來。

就這樣，沒有文字提示或對白，總共三關，會經過紙飛機攻擊、小貓咪攻擊。以及帽子攻擊。

都是一些看起來柔柔弱弱溫和的東西，當隨著心中的疑惑加深時，才開始進入了文字配音介紹故事背景：原來是兩個姊妹扶養著三個小孩，魔女攻擊後姊姊被抓走，白色光球就是妹妹，要救回三個彩色光球的孩子，以及在最後的魔王關解放姊姊。

很簡單的設定對吧！但這才是真正重點的開始。

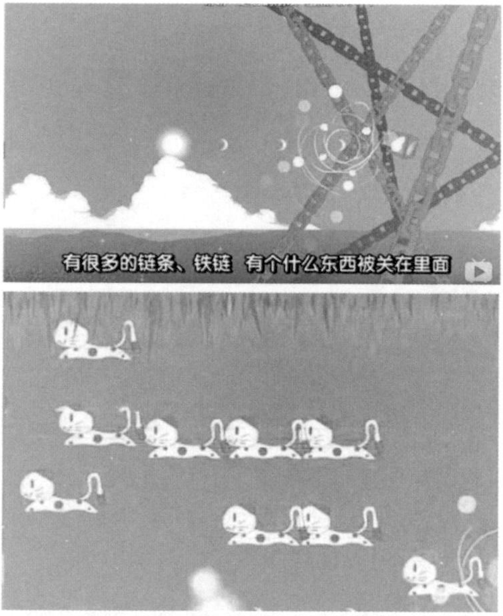

解救小光點時會遭遇各種攻擊（圖片來源：劉宗瑀）

最後魔王關的設定是，無論如何左邊的妹妹一定會死。這時候，彈幕開始慢慢沸騰了，開始有留言把文字放置在螢幕正中間，想要組成一個虛擬的牆幫妹妹擋住攻擊，也開始甚至有人用))))的符號，想要幫助攻擊的力道。

想也知道，這種徒然的努力一定是無用的，但是愈來愈多網友受到感染，開始整個沸騰地加入了戰局！最後甚至當妹妹瀕死、反而轉而由右方的姊姊回過神，反向攻擊著囚禁的鐵鍊時，可以看到整個彈幕的符號反向了！變成((((((((。

明知道很傻、有什麼用、鍵盤自high、遠比嘴砲還不如……這類酸言我們在網路上看過聽過多少了呢？但此刻，在這樣的一方淨土，可以放心安心的做自

咦？要破關了捏，妳不玩了嗎？
不～要～
編輯變鬼催稿比較可怕
吼～～

己，人性就慢慢顯露出來了。可以顯露出，人性還是有著善的那一面。可以在這一瞬間並肩作戰。可以有著歸屬感以及跟隊友的支持感。

最令人震撼的是……當最後遊戲結束，姊姊解救完所有人，畫面全黑只剩下音樂時……首先是有人發問：「說說為什麼要帶上你們？」

曾經有著那麼短短歸屬感的網友們，開始……在全黑的螢幕下，有人留言著：「請務必帶上了我」、「雖然我很沒用」、「但我又弱小又中二」、「雖然我是男生但我喜歡男生」、「雖然我想自殺」、「但謝謝你帶上了我」……

好震撼！這些都是電腦前一個個的孩子。他們在這一瞬間把生活當中隱藏著、壓抑著、不敢說的、努力撐著的內心話全部都瞬間說出來了！

你能想像自己的孩子就這樣說出「雖然我很垃圾又沒用」、「雖然我教人失望」、「我一無是處」的話嗎？這些話是連對家長都不敢講的……他們如今有一個管道能講、能互相理解、能找到認同、不單只是批判，甚至，他們並肩在一個電玩上虛擬著盡一己之力，去救人。

遊戲最後是姊妹與孩子們的合照。原來，紙飛機、貓咪、帽子，都曾經是他們生活當中的使用品。

在面對中國這個廣大的族群，常常會有以管窺天的不確實感，畢竟在魔幻的國家，當空氣彷彿都是賜與的，要有其必須的生存法則。可是恐懼與規則管不住心，尤其是，還有著善

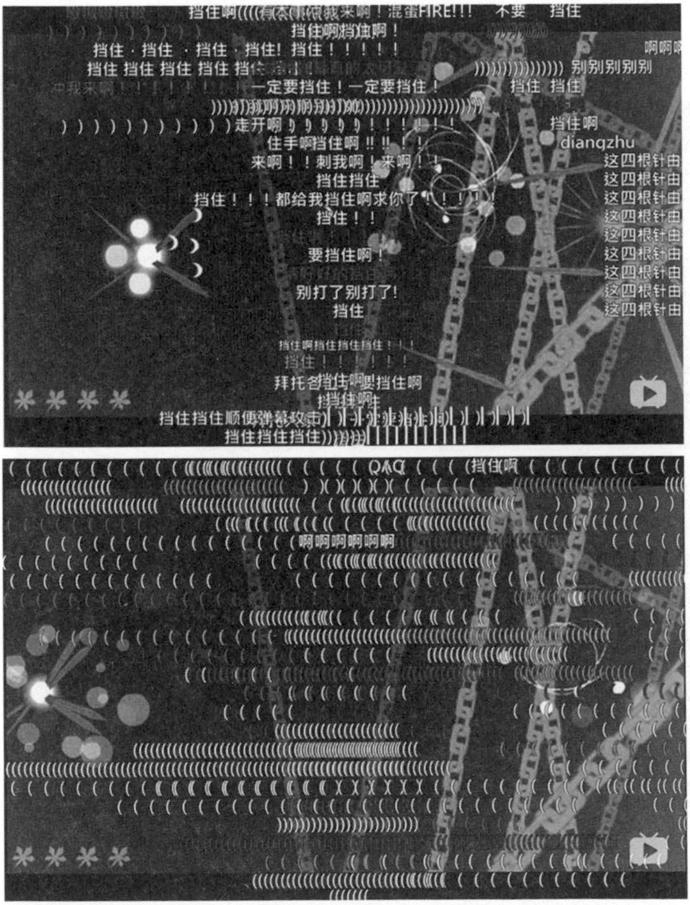

網友沸騰地加入戰局（圖片來源：劉宗瑀）

良人性在的心。

相對應於最近沸沸揚揚的《還願》風波，能夠自由的說出內心、能夠多元的包容差異、能夠勇敢為求援者發聲、能夠找到志同道合者一起奮戰，能生活在台灣這樣的國度，我很珍惜。

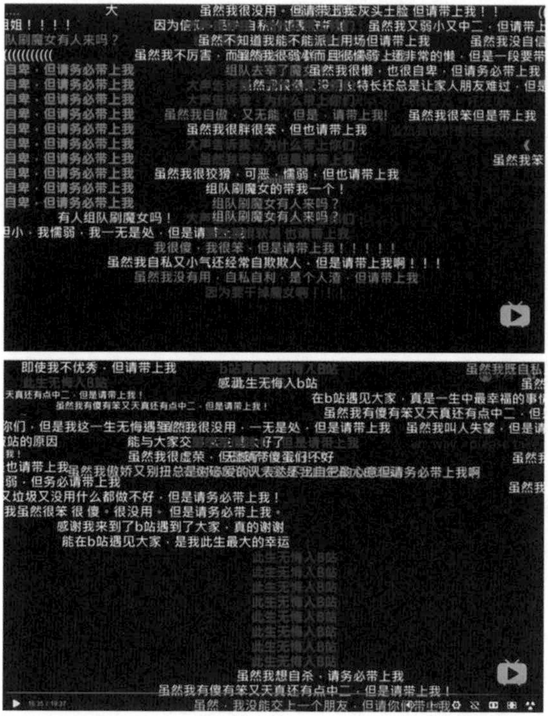

孩子們在遊戲中說出自己隱藏的內心吶喊（圖片來源：劉宗瑀）

CHAPTER 6

幫爸爸媽媽呼呼

我們做父母的，都是魔法師

那是無心的一次，我抱著還是嬰兒的老大下樓梯時，踩空了一階，直接往前撲倒，眼看著就要跌倒，想不到我竟然反射性的雙腿膝蓋一軟整個跪在地板，上半身緊抱住小孩沒有一絲傷及，而咬牙撐住了的膝蓋痛到爬起時隱隱作痛。當時我驚訝於自己完全反射的想著「不能摔到小孩」，膝蓋也過了好幾天才退腫。更驚訝的是，老是被育兒累到人仰馬翻、精疲力竭的我，也有這樣母力爆發的一天！

所謂當了父母之後，究竟是怎樣的一個過程？看著琳瑯滿目的「讓你輕鬆教養」、「十招優雅當爸媽」的書籍，有時候會很疑惑。疲倦到，陪著小孩講故事結果一碰到床就秒睡；反覆奔波到，能清醒著坐到書桌前都會覺得感動，不然大部分時間都追著小鬼屁股後面收拾；更別說，吼過小孩之後，聽到孩子講「媽媽像恐龍一樣」的啞然失笑、還是苦笑的那種。

父母是魔法師還是馴獸師？

成為父母，究竟是什麼呢？應該要變「指揮家」那樣，怎麼感覺自己是「馴獸師」的時刻居多；兩個小鬼頭偷偷摸摸要藏個撿到的廢鐵當寶物時，自己不是應該要能夠敞開心胸做個無話不談的「心理師」？怎麼感覺變成搜索查證威脅利誘的「警探」成分還比較大？

更不用說與其他朋友的脫節……能防水抗汙耐磨的包才是好包；名牌名品那什麼的能放水瓶不亂倒、弄髒不心疼嗎？能遮風避雨讓小鬼坐著固定好安全座椅的就是好車；飛天遁地甚至噴火炫酷的車、一秒鐘就整個內部被小孩互相丟擲的餅乾屑弄髒了……更不用說挫折、洩氣、被氣到不願意講話的時刻……怎麼人家說的都跟自己不一樣？臉書上別人家的都是歲月靜好的溫柔育兒記錄，孩子都是講一次就改善的懂人話天使……

直到看了一支影片，那是英國選秀節目其中一集，身為魔法師的父親，用震撼全場的表演奪得了主持人按下金球的殊榮。所有評審淚流滿面，所有觀眾感動鼓掌，兩個主持人紅了眼眶，就連最毒舌的機車評審都驚呆到瞠目結舌！

究竟是什麼樣的魔術表演？原來，這位魔術師放了段紀錄影片，他剛出生的女兒被診斷了癌症，還是嬰兒就得接受化療，直到治療成功後，魔術師預先錄影好了他女兒成長各個片段，片段當中竟然都剛好拿著表演之前，魔術師要求各個評審們隨意挑出的卡片、蠟筆、魔術方塊。

影片都是舊的預錄好的，已經發生過的事，怎麼可能在表演的當下完全預料得到？這讓人百思不得其解……直到最後，當影片中已經恢復健康的可愛女嬰，跟最機車評審隨機挑選的字，竟然有神奇的同步時，大家感動於魔術師對女兒的愛、感謝於疾病遠離的幸運，與表演的震撼融合為一！

這時候我看到了一句話：「你知道我們都是父母，而這是世界上最偉大的魔法！」我瞬間懂了！

原來自己的力量、自己每日被挑戰跨出舒適圈的大小雜事、這些糾結，在每次看到孩子笑著迎接向你跑來的瞬間拋諸腦後；原來再邋遢、再混亂，陪著小孩在床上打滾玩笑，看到繪本也會在同個笑點笑出聲；原來，會這樣無條件反射的咬著牙在跌倒時護住小孩……這些這些，都是魔法，而我們做父母的，是魔法師。

我們的呼呼，可以抹去孩子跌傷的疼痛；我們講的故事，可以讓本來只是文字的幻想變成天馬行空的畫面；牽著手可以不怕擁擠人群繁忙街道；緊鄰在身邊就可以安穩平靜入眠……面對懷中的幼小，不自覺我們挺起了肩膀與雙臂成為避風港，就如同影片中魔術師回頭看著女兒的照片那樣，渺小，但又巨大的身影。

老二剛過生日，幾天前我們就開始告訴她「妳長大了」、「會變更勇敢唷」、「可以練習自

己吃飯囉」、「長尾巴唷」！結果到了生日當天，老二一早輕聲喚醒我，對我說：「媽媽，跟妳說唷，我沒有長尾巴。」（笑）

當爸媽就擁有魔法，但魔力還沒大到讓妳真的長尾巴唷！

阿圓生日當天

為人父母，是無止境的修練

憤怒的媽媽、爆哭的小孩、被颱風尾掃到黏在牆壁上的爸爸……今天又度過了這樣的日常嗎？怎麼辦？

最近喜歡上看這系列的名人問答影片，影片找各領域的專家，用淺白的答案回答諸如：記憶可以被修改？大腦在想什麼可以被讀取？等等有趣的問題。

其中這段知名神經學家亞尼．賽斯（Anil Seth）回答：「人的記憶可以隨意刪減及加入？」

（影片見下方 QR Code，來源 GQ TV Taiwan Youtube）

有網友發問：「為何遇到壓力時大家都說要深呼吸？這背後的神經科學原理是什麼？」

專家的回答是，大腦在深呼吸時可以獲得更多需要的氧氣，另外，深呼吸期間，身體跟情緒可以獲得調節。

嗯？這不就是簡單一個醫學名詞「Vagal Tone」（迷走神經張力）嗎？

在二〇一三年的一篇論文當中就有提到，正確的使用深呼吸技巧，可以提高人際關係的社交連結、獲得正向的情緒唷！

> 正向情緒如何裨益身體健康：相互增強的正向情緒與迷走神經張力，能帶來正向的社交連結。

再進一步舉例，世界知名的奇幻作品《恐龍夢幻國》（Dinotopia），描繪一個恐龍與人類和平共存的烏托邦國度，裡面就有一句經典的台詞：「深呼吸，找和平（Breath deep, seek peace.）。」

究竟為何深呼吸有這麼大的魔力？

首先，要先來知道什麼是「迷走神經張力」。在人體的交感神經與副交感神經當中，交感神經負責「戰或逃」，也就是所謂激動或憤怒、緊張的反應，它讓人心跳加快、呼吸急促、全身肌肉緊繃，這在人類演化過程當中，是遇到野獸等生命威脅時很重要的保護機制。相反的，副交感神經，就是讓人放鬆、和緩情緒、減緩心跳，作用跟交感神經相反，稱為「拮抗」。

儘管現在我們已經脫離原始人狩獵穴居生活已久，但現代人遇到的各種社交場合，這些反應還是會出現：職場壓力、朋友溝通、親職衝突，所以，交感與副交感的反覆交替，還是一直發生著。更不用說，當爸媽的在顧小孩的過程當中，光是吃一頓晚餐可以崩潰幾次了（笑）。

那麼，副交感神經當中的迷走神經（vagus nerve）屬於第十對腦神經，是腦神經中最長，分布最廣的一對，全身上下有超多器官都受它調控，與交感神經系統拮抗性地調整人體的心率、呼吸、腺體分泌，以及肝、腎上腺等重要器官的血流量分布等。

迷走神經的作用力量稱之為「迷走神經張力」，我們可以藉由測量心跳呼吸等等，來監測迷走神經張力狀態，而科學

《恐龍夢幻國》的經典台詞：「深呼吸，找和平。」（圖片來源：劉宗瑀）

家發現，迷走神經張力增高可以調整良好的身體狀況：包括消化系統作用改善、發炎指數降低、情緒恢復力較強與長壽，迷走神經張力較大的人體內會釋放較多的催產素，會降低壓力、產生對他人的善意，這非常適合在火爆衝突的溝通當下，藉由調整迷走神經張力來降低怒氣。

看了一堆教養書，結果小鬼還是不乖，怎麼辦？
燒毀～
是說書嗎？
=3
說你啦！整隻燒毀！

（圖片來源：每日頭條）

打開「情緒中樞」杏仁核的神秘面紗

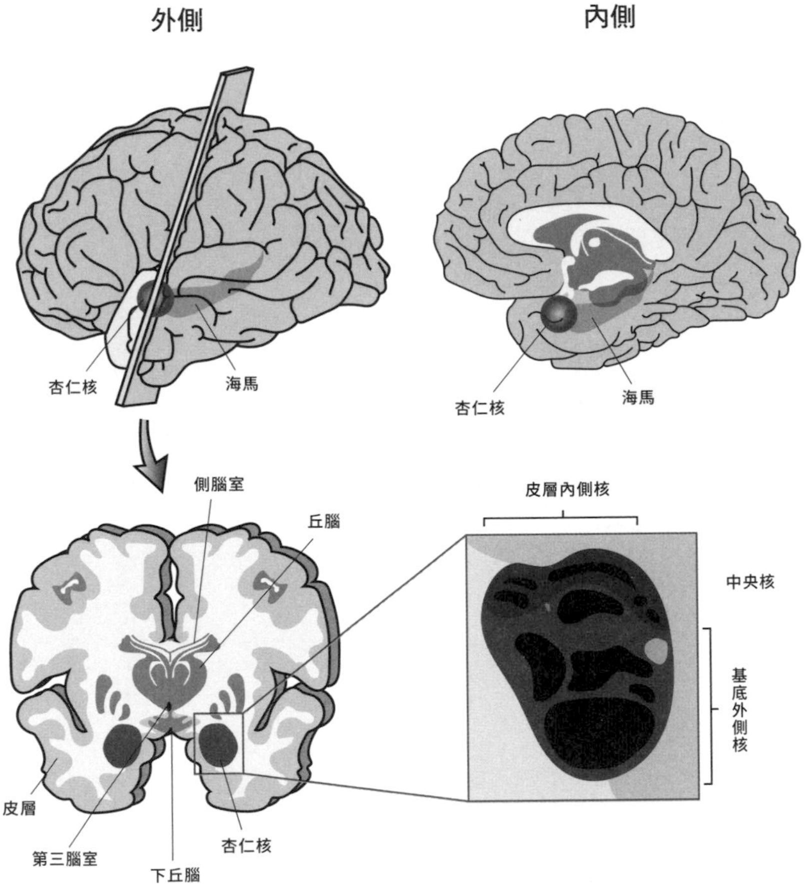
外側
內側
杏仁核
海馬
杏仁核
海馬
側腦室
丘腦
皮層內側核
中央核
基底外側核
皮層
第三腦室
下丘腦
杏仁核

（圖片來源：情緒腦）

掃這裡
看更多

只要掌握到最簡單的方法：可以用深呼吸的方式，來增加腹壓、就可以增強迷走神經張力，在平時就可以藉機趁著生氣的念頭一興起，來做個「深呼吸練習」吧！

尤其在生氣的當下，情緒整個被杏仁核掌控，「杏仁核（Amygdala）位於腦底部，屬於邊緣系統的一部分，因為形狀類似杏仁而得名。主要功能為掌管焦慮、急躁、驚嚇及恐懼等負面情緒，故有『情緒中樞』或『恐懼中樞』之稱。」

其實就光是抓狂當下，光是第一步要想起「練習深呼吸」都是問題，而這更是另一個層次的心理學技巧「正念練習」：察覺當下。「正念（Mindfulness）的意思並非正面思考，而是『活在當下、放下執著』。正念源於佛學，但近年來無論西方或東方，都透過科學化的心理學研究，藉由訓練正念，舒緩過度自我膨脹所造成的情緒壓力、緊繃的人際互動。」

講起來很複雜的樣子，但其實就是：啊！我現在在生氣了！喔！原來這樣的感受是憤怒！從更高層次去回顧此時此刻當下的自己，去正名現下的各種好或壞反應，都沒關係、都包容，但就會慢慢從那樣負面的情緒走出來。

同樣的技巧練習後，也可以運用在照顧孩子上，尤其是那種滿地打滾崩潰大哭的熊孩子。當然，光是知道這樣的技巧背後科學機轉還不夠，更重要的是反覆的練習，直到真的派上用場，改變了既往暴怒狂吼甚至動手的教養方式，也審視了自己的內心。為人父母，是無止境的修練。

喘口氣，嗅得撲鼻馨香

我跟先生的個性南轅北轍，對於事情的急緩輕重有時看法兩極。但是對於家庭、所謂家人這件事，先生真的幫助我非常非常多。

當時在非常忙碌的醫院上班，我大女兒已經懂事會講話了，如果遇到值班有突發狀況得回到醫院處理，心思細膩像玻璃般易碎的老大就會哭泣。

從身上把哭倒緊抓的小孩拔起來、咬著牙說掰掰，看她被塞進汽車座椅中哭著離去，是身為外科醫師又兼顧媽媽角色，最揪心的畫面。

然而，如果我要持續現在的工作，那我就必須一直值班，這樣的循環就會無限下去。

遲疑、猶豫、充滿不確定，是我當新手媽媽時，最佳的心情寫照。當時我幾乎就放棄堅持自己的專業，轉而作其他跟現在專業無關的工作。簡單講一句就是「砍掉重練」。

所有學習加上實習加上臨床累積了近十年的所有知識，全部一切重來。這不只是將來有沒有比較好的生活品質問題而已，這根本是我整個人生走向的大轉變。

當時我整個人惶惶不知所終，一天之內心境可以有數十回的轉折。在那樣的情況之下，我顧小孩的心情自然是極為沉重的。

孩子被我的爆發壓力嚇哭

一次，我正在皺著眉頭整理家務，老大阿寶嘰哩呱啦的講不停，我一吼：「夠了，很吵！」阿寶瞬間安靜，但也馬上紅了眼眶。

我一看又更心煩：「哭什麼哭！有什麼好哭的？」本來無聲啜泣著的阿寶，這時再也憋不住，爆出了哭聲。

蜜蜂先生聽到之後走過來，安撫了阿寶，然後接手過去陪著阿寶玩耍、念故事。

我則暗自懊惱。怎麼小孩的事情只要一點點就可以惹惱我成這樣？不是應該要滿懷關愛嗎？諸多養育專家所講的條列一項項浮現，也一項項在打著「不合格」的分數。

蜜蜂先生事後跟我講：「妳不要繃得太緊，喘口氣。」

我：「喘什麼？我哪有很緊張？」

先生：「有啊，妳值班完又累，然後就把脾氣發在我們身上，我是大人了我還能排解，阿寶才小孩耶。」

我：「那你是說我不要那麼頻繁的接她回家？一直都放在保母家？那我這麼辛苦是有什麼意義？」

先生拍拍我：「看！緊張了吧！喘口氣，量力而為，而且就先把自己的疲倦跟壓力處理好，才有力氣用正面開心的狀態去陪伴小孩，就像飛機如果掉下氧氣面罩，大人要先顧好自己，才有辦法去照顧其他小孩。」

一瞬間，我啞口無言了。反省著。

孩子的事無法皆如父母所願

的確。自從我當媽了之後，所有小孩大小瑣事都還想要像單身狀態時條列規定清楚、完成進度分明，結果發現往往事與願違。

帶著全家大小好不容易出遊，下雨打斷所有既定行程，我就沮喪到講不出話，整個萎靡。拉車到外縣市要在民宿過夜，結果發現漏帶了小朋友的奶瓶，我就緊張到喪失了遊興。

更別說，又要上班下班值班、又要開車接送陪伴睡洗澡餵飯哄睡，幾乎沒有一個時間是屬於自己的，各種拉扯跟虛耗，讓我甚至累到一想到等會得開車大半天去接送小孩，就整個心情低落。

我是徹底的休息不足，除了眼裡小孩的需求之外，我幾乎別無心思顧及其他。

然後壓力就一直一直堆積著。

然而最重要的，阿寶她的真正需求呢？我的各種情緒會不會讓她受傷？正擔心著一回頭，她已經哼著歌在看書。

原來，小小孩用各式各樣的玩耍、形形色色的享樂，告訴我「喘口氣，讓自己開心一點吧」。

喘口氣，讓開心自動上門吧！

在那之後，我屢次在感覺神經又要緊繃的時刻，就先讓自己冷處理。角落玩個幾場手機手轉珠遊戲、拿起畫筆東描西描、或甚至拿出小朋友的黏土自己玩。總之就是各種療癒跟解悶。

然後我發現，蹲著從小朋友的角度，可以看到滿滿的有趣的東西。

「為什麼下雨聲音一下有一下沒啊？」坐在車內的阿寶聽到打在車身的雨聲，童言童語發問。

「長頸鹿先生早安！」阿寶對著出門就會看到、一個長煙囪建築頂端有著半圓形看台的房子揮手大喊。

一看，噴笑！真的很像長頸鹿。

工作的繁忙依舊是持續，但先生跟保母非常體恤我，三方做了最好的配合，讓彼此都有喘息的機會。

一早趕著騎車上班，心浮氣躁。想到昨天阿寶堅持要把在阿嬤家揀的石頭樹葉，塞到我機車肚子裡，三歲年紀拗起來無人招架，隨便她，不要把我機車燒了就好！

結果滿眼血絲、睡眠不足的我（半夜起來顧小孩好累啊……）一戴起車肚子裡的口罩，立刻笑了！撲鼻的茉莉花香～～阿寶丟了朵茉莉花進去！

一路上班，滿臉的笑溢出口罩，眼尾、眉梢都是，好香好香～～

願每個忙碌的父母，都能喘口氣，擁有馨香的美好心情。

一次下雨的行車
車內雨聲陣陣響

車內…

看媽媽變魔術，數到三雨聲
變不見唷 準備…一…二…

陸橋下

三！

哇！媽媽好厲害!!!
看～雨停了

偶爾出現的小童心對話

新手爸媽之
戒急用忍真的好難

還記得懷上老大得知是個女孩時，半夜孕吐無眠，也興奮上網，搜尋各種小女娃的購物網站，當時深深覺得：「真是太可愛了啊這些娃娃的小東西！」

蕾絲、玩偶、小花、雲朵、綿綿的、軟軟的、小小圓圓香香嫩嫩粉粉～～啊～～從小不太愛玩女孩兒的芭比遊戲，這時候卻像彌補過來一樣瘋狂選購著，當時甚至因為顏色太多樣太可愛，整整一套六種顏色的襪子都一口氣買下來貢著；要不然就是不知道怎麼選尺寸、乾脆大中小全部都買齊吧！

新手爸媽腦波甚弱

然後當小娃兒從肉團團抽長、會翻身會滾會爬到會跑，才驚覺到：亂買了太多東西！超

後悔！

比方說：明明就好可愛、但幾乎每個小孩都穿不住、實用性幾乎是零的「**動物耳朵套頭斗篷**」。

↓買這個是要死唷！明明南臺灣豔陽氣候多，真的變涼才那麼幾天，要保暖不保暖，要防風又遮不了肚子，更別說每個小鬼頭都超討厭在頭上套東西，拚命要撥掉！哪個小孩會願意戴？童話《小紅帽》裡的女主角有戴？但是她被狼吃掉了！

還有「**小巧玲瓏的手套**」。

↓說手套，根本就是口水套！會願意戴著的小嬰兒都拿來含著吃、沾著滿滿口水，然後發展到稍微會手掌粗動作的，第一件事就是拔手套。拔手套、找手套、拔、找！問題是手套淘汰下來，常常缺一隻不成雙，只好套在椅子腳當腳套，家裡就開始一堆五花十色的椅腳套。

更別說「**史上最無用的紗布衣**」。

↓怎麼說呢？紗布衣的材質多半粗糙跟磨豆漿擠過濾的那個布袋一樣，最最粉嫩的小娃兒可能都會被刮出傷痕，所以，孕婦媽媽教室活動送了一堆，都不知道怎麼辦？就當媽媽暗自吐血，翻找出可以穿到國小畢業的各種無用「動物造型兔裝」、「綴滿蕾絲但內裡會刺刺的公主洋裝」，發現愈長愈大也愈來愈有自己穿著堅持的大女兒阿寶，鄙棄這些比誰都厲害

（笑）。這些裝扮物乃身外之事，阿寶不穿就不穿，無妨。但其中有一些看似可愛無害但卻真實帶有致命殺傷力的小物，不可不防！

可愛啾啾鞋其實是魔鬼

其中第一名，就是俗稱「啾啾鞋」的學步鞋。這種鞋的造型一般是涼鞋，鞋底有個薄薄小小的氣墊，壓擠就會發出「啾」、「啾」聲，屢屢在公眾場合，看到別人家的小短腿娃娃奮力邁著步伐，「啾」、「啾」前進時，總能引起眾人會心一笑。

以前我也是傻笑的那眾人之一。所以在發現「啊！我家阿寶可以穿這種鞋了」的時候，開心極了！買了一雙，興高采烈的拿給阿寶保母看，有經驗的保母馬上退貨：「這妳拿回去在家裡給她穿好了。」

我：「新鞋不要嗎？」阿寶白天時間在保母家多，所以新衣新鞋會優先拿過去。

保母啼笑皆非的說：「妳要妳拿回去好了，這很吵。」

事後證明，不是很吵，根本就是……吵到讓人崩潰抓狂！！小娃兒什麼都好奇、都愛玩，一發現踩下去會出聲的鞋子，整個開心到不行。於是，整晚，整個家裡充斥著「啾」、「啾」！跟在爸爸屁股後頭「啾」、「啾」！跑來找媽媽「啾」、「啾」！到最後我甚至感覺啾

有些東西是當了爸媽之後才知道殺傷力的
比方說…啾啾鞋…

蹣跚學步的小孩很快就會發現奧妙之處
開始狂踩 !!!!!

曾經我也認為
好～可～愛～

但 !!!
聽了啾聲一小時之後

Before　After

真該說是…不記一次教訓學不到一次乖
還好鞋底都有洞可以拔掉啾啾氣墊

根本是最無害但最可怕的
躲藏於民間的
騙新手爸媽的

恐怖攻擊武器之首

啾聲如同環繞音效一般直逼腦門。

蜜蜂先生開口了：「那個……妳會不會覺得……」

我回：「幹嘛啦！」

蜜蜂先生：「……很吵……」

我吼：「不然咧？把剛買的鞋子丟掉啦！」

EQ低又一時之間不肯承認自己白目、挖洞自己跳的媽媽（笑）。最後我一把抱過小毛頭，拔下鞋子要丟掉時，赫然發現超貼心的～～鞋子底後方有個洞，一抽出就能把整個氣墊移除。喔～～偉哉設計廠商，還有，媽媽下次不敢了！

蜜蜂先生還趁機念：「以後買東西不要太一廂情願，買真正需要的就好。」

是！是！是！

女兒無情拒絕老爸

隔了大半年，阿寶已經非常會玩精細動作的各種遊戲，爸爸開心又得意的抱了超大盒子回來，呼前跟後的追著阿寶問：「要不要玩啊？很好玩唷！要不要玩？」

結果阿寶看一眼秒殺：「不要！」

阿爸在一旁垂頭喪氣，我冷眼看他：「怎麼？買什麼鬼東西？」蜜蜂先生端起「鋼彈模型」說：「我看人家網路上，有爸爸帶著女兒玩模型，覺得很棒……」邊說邊啜泣。

啊哈哈哈～～看來會一廂情願的不是只有我啦！

流產媽媽的痛，我們懂

「妳要知道，這個階段發生這種事是很正常的……」

「……所以妳是說我應該就這樣流產嗎？」

「妳自己也學過婦產科，知道這種所謂的流產……」

「……我學的時候沒想過自己有朝一日會這樣啊？」

同為女醫師的婷婷當年在數次流產後，哭著一把眼淚一把鼻涕，說產檢時怎麼樣被刺激……當時我只能拚命安撫並且讓她宣洩，儘管聽起來對方是想要安慰她。

這，是許多流產媽媽們的痛。

沒有經歷過，無法理解那千萬分之一有多痛。

時光倒回到我們都還在醫學院的時候，婦產科的課程，迥異於其他科別，有著史上最多的古字跟舊式、彷彿咒語般的醫學名詞：

流產 Misscarriage。

生理痛 Dysmenorrhea。

胎盤前置 Placenta praevia。

醫學自古早起就圍繞著生育議題，多少歷史感埋藏在每一個專有名詞內。在這樣的氛圍下，我們一一手抄著老師交代的作業。

流產定義：懷孕滿二十週以前或出生體重小於五百公克的胎兒，因非人為因素引致脫離母體。主要以十二周前後分為早期、晚期。

流產原因有很多種：其中受精卵發育不良為早期流產最常見的原因，約占50—60%；其中95%是母親卵子問題，其餘5%來自父親。

抄著、背誦著、但沒有理解。當年才大學的我們，沒有想過，再過幾年，步入婚姻面臨生育年齡的我們，就開始有人一一要面對這樣的考驗跟壓力。

年輕健康的我們、站在醫者的這一端，以為全世界的疾病苦痛，都跟我們遙遙相距，那只是陳年古書或教科書上的一抹文字罷了。直到真實遭遇到。

婷婷第二次又被宣告胎兒心跳不穩，是她已經流產過一次、休養了大半年、懷上第二胎的第六周時間。

她強忍著恐懼，咬牙謝過產檢的醫師（都是同事不能失態），撐著回到了車上後，關起門在電話裡號啕大哭：「我不要！怎麼又來了！我不要啊，我受不了了！」

那哭聲任誰都聽了為之不忍……

醫者也是人，是人都會遇到一樣的問題，不論貧賤富貴。

我問婷婷：「產科醫師有說什麼嗎？」

婷婷大哭：「他說這是正常的！可是我應該就這樣流產嗎？」

我再問：「心跳不穩啊就……」

婷婷號啕：「我知道啊我學過啊！心跳不穩的肧胎有可能本身不健康，可是我學的時候沒想過自己有朝一日會這樣啊?!」

婚前對小孩沒透露出多大喜愛、念書一路乖乖牌的婷婷，選了兒科之後，每天耳濡目染著，看著羨慕著別人家圓滾暖嫩的小嬰兒，也心想著自己有朝一日成為媽媽後要這樣幫小孩打扮、那樣陪小孩玩耍……所以，結婚後懷上了，她跟先生的雀躍，是多麼明顯，但第一胎流掉之後，她的打擊之大……

直到時間修補了傷痕，看來似乎克服過了悲痛，直到同樣的刺激又再次迎面撲來，婷婷完全崩潰了！

「第二次的痛比什麼都痛。」

「我小心翼翼到簡直快要變成玻璃罐子一樣怕碰壞了那般。」

「完全六神無主、人家講什麼我就只好聽什麼。」

「我完全沒有力氣跟思考能力了……」

聽著婷婷這樣說，身分一夕之間從醫者變成家屬，更甚者，是懷著即將消逝的小生命？如同一盞將滅燭光的燈籠？以這樣的身分存在……才突然瞬間懂了，同理心永遠都不能同理，因為我們是一個個獨立的個體，但是，我們可以試著去察覺對方的情感。

悲痛、焦慮、千千萬萬的言外之音。

理解為什麼是一回事，科學如同一把剖開肌理的手術刀；但真正能止住那流淚與流血不止、受傷的心，不能只是靠「解釋」、「理解」、「邏輯」。

有時候，情感遠遠大過這多說了無益的一切。

旁人永遠不知道，經歷了這些悲傷的準媽媽們，曾經在每一次低語跟肚裡孩子心中偷偷想著傳遞了什麼幸福的小語；曾經在回首時被哪個廣告嬰兒照片給觸動了、哪件童裝給吸引了；曾經在等著紅燈時看到下課的小孩手牽手的路隊、微笑看傻了眼；曾經在睡榻中轉身看到枕邊人，幻想著孩子會像媽還是像爸……當這寄託的對象一夕之間消失時，請正視她的悲傷。

不用為了安慰而安慰。

有時候，需要時間，跟陪伴。

現在回過頭來看，婷婷的那胎心跳後來穩了，孩子順利出生後調皮搗蛋、夜啼哭整晚……樣樣來。

再問她：「還記得當時的難過嗎？」

微笑搖頭。

癒合後的傷已經再也不會害怕，因為有愛。

當時在哭泣的瞬間沒講出的話，也是當年我們手抄作業時老師千萬交代的一句「當遇到流產時不要太傷心，冷靜面對，與醫師密切合作治療，仍有九成再孕機會」。

如今已經那麼雲淡風輕，卻又如同神諭。

不要亂問這種問題…

妳什麼時候要生／再生？

給妳介紹人家那家包生的特效藥

我家那誰誰已經生三胎了

不要顧著忙工作／玩耍啊！

因為不知道…這會有多傷人！！

做個禮貌好大人

爸媽們，醒醒吧！發燒不能只求裹毛巾退燒

我開始佩服起歷史上敢第一個說「開刀之前醫師手要消毒」的人。如果有一件事情，是錯誤的，但錯誤得沒那麼嚴重，那麼大家認為，要把這錯誤從印象當中導正，要花多久時間？臉書文章退燒的時間兩天？或是新聞炒作的一周？還是一個月？一年？很不幸，十年的時間都不夠。

怎麼會這樣呢？網路世代消息導正愈來愈快，帶風向或是潮水退了要看誰有沒有穿褲，都應該要與時並進才對啊？但很抱歉，有一些族群，會針對特殊話題，相信著網路 Google 到的最多人次點閱農場文章，然後愈傳愈廣愈遠。

這族群，就是爸媽族群。那話題，就是健康話題。

毛巾裹腿就能退燒？兒科醫師沒聽過

朋友傳來網路推薦的小兒退燒方式，說在德國（先進西方國家聽起來就加分）有一個很棒的方法：「毛巾裹腿小兒退燒」。我問了兒科同事之後，每人莫不搖頭說沒聽過。

簡單來說，兒科退燒最重要的，是找原因：「全身上下有個地方在發炎，所以發燒。」而且，是否要退燒，最重要的是看小孩活力。可以依次用溫水拭浴（加強排汗揮發）、退燒藥水或塞劑等等。健保規範當中，有這麼多方便簡單好用的藥品，看診時面對兒科專科醫師多加詢問即可。

再回過頭來看看所謂的毛巾裹腿方法，其實在二〇〇四年就已經網路破解過：〈破解「毛巾裹腿」小兒退燒真管用?!〉這篇文章當中收集了相當多西醫的專科醫師意見，而且每位都有清楚的標註所在負責醫院跟全名。如果想聽聽專業中醫師的說法，二〇一四年也有中醫師解說：〈幼兒退燒先綁腿？破除四偏方迷思〉，文中同樣可以看到，標註所在負責醫院跟全名。

各位民眾能理解嗎？現今願意公開網路現身說法、標示全名的醫師們，承擔著風險，會一而再再而三的反覆講解，希望導正這些誤傳的內容。這些文章才有可信度。

那些標示得不清不楚卻功能神奇萬用刀槍不入細胞修復、由部落客媽媽親身試驗在自己小孩身上成功過一次的網誌文章、心理師跨界成為自然醫學（其實連醫學二字都沾不上）、營養師解說的營養學、中正理工學院核工系（民國九十五年後停止招生）傳的小心輻射食品文章、或是雖千萬人吾往矣由瘋狂粉絲們推崇著卻評價兩極的某些特立獨行治療者……在向前衝衝衝的時候，請先三思。確認文章出處有無標示醫師及其負責醫院，再來是確認內容有無來源。

另類療法、偏方、純自然、草本萃取、五行能量、彩虹食療……本來如果是小問題，無傷大雅。但就怕有人誤信了之後拖成大病。二〇〇四年講到現在，超過十五年。誤傳還要傳多久呢？

醫衛觀念不正確，竟害命二十多年

外科上有名的公案，現今看來荒謬絕倫，但卻也是受限在誤傳的大眾信念，而造成嚴重的死傷。那公案就是「外科／產科手術之前醫師要雙手消毒」。

在現在看來最自然不過的基本要求，在一八四五年的歐洲卻沒有這樣的認知，不懂所謂「微生物」或「細菌」，歐洲產婦死於生產時感染的「產褥熱」，死亡率18％。想像一下，每十個生產的媽媽，就有接近兩個會死。多驚人！

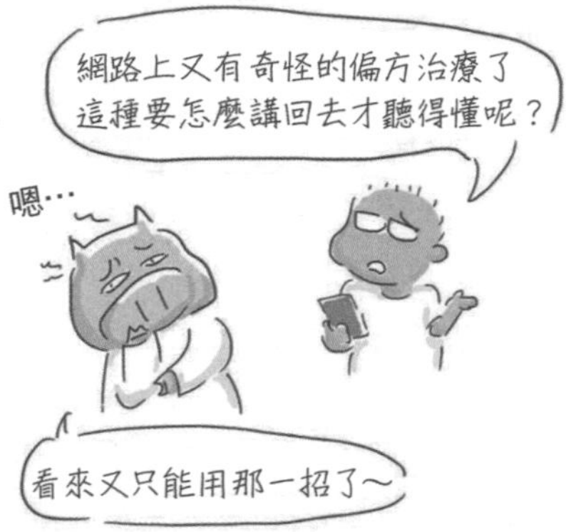

f 小劉醫師Lisa Liu粉絲團

當時維也納總醫院產科有分為第一科及第二科，第一科都是世家出身的權貴醫師，他們認為自己高等的雙手碰觸病人時不需要任何的處理。但第二科的醫師伊格納茲（Dr.Ignaz Semmelweis）就推行漂白水消毒雙手，讓產婦死亡率從18.27%驟降至0.19%。

他曾經說過：「我要驅散那股瀰漫產房的恐懼，不僅是要保住那些丈夫的妻子，更是為了所有寶寶的母親。」這麼偉大的發現，大家應該風行草偃了吧？不！由於出身低階、背景不正確，伊格納茲醫師的推廣不成功、屢遭訕笑最後抑鬱而亡。而他的「外科手消毒」學說，要一直到一八六八年才真正受到重視。中間二十幾年的時間，又有多少無辜生命消逝了呢？誤傳跟偏見，從來都不是簡單能擺脫的。

希望大家在資訊發達年代，正確選擇資訊來源。也希望各位坐擁專業知識的專家，不吝於用各種方式跟民眾對話：衛教文、卡通圖、Line群組、網誌。唯有不斷對話，才能讓這些誤傳漸漸消弭。

家人之所以在一起，是為了陪伴彼此

我在跟小孩解釋「離心力」時，用地球跟月亮舉例，或是：「就像妳們姊妹兩個手牽手旋轉著跑，會有力量好像要把妳們兩個拉開對不對？」

邊說邊示範，兩小笑得開心，邊旋轉邊往前移動去了。

我看著，突然想到一個畫面。

畫面是我跟先生在討論：「萬一戰爭時，大難臨頭，你我要怎麼分頭帶孩子逃難？」

蜜蜂先生先是一愣，然後默默聽我講完規劃路線等等，沒有回應。

當時我除了網路倡議，還要接收相當多各方面的資訊，有些光是分辨真假就極度耗神，更別說還有多少引起恐懼與焦慮的……甚至有時候連手機都不想打開，裡面都是負面情緒，以及一則比一則惡劣的訊息。

當時先生陪著我，在我已經沒有耐性跟孩子做優質互動的時刻，他顯露出更高的ＥＱ陪小孩玩耍、處理姊妹尖叫，我看著，感受到彷彿有一隻無形的手，像是雙星系統有拉扯的向心力，知道自己忙著團團轉，但仍是兩兩依著固定方向繼續前進。

喘口氣換人接棒，才能繼續前進

然而這情況有時是互相的。

我會在察覺到換成蜜蜂先生易怒、暴走、對孩子非溝通而是強壓型互動時，跟他換手。反之亦然，我們甚至有個暗號，當一方覺得自己有情緒、快要失控時，讓另一方來接手，自己先角落冷靜，或是遠離案發現場。

在沒有成為夫妻或是家長前，都以為自己能情緒控制得很好。結果後面就各種打臉，崩潰的時刻，激動到不行，或是再尋常的話聽起來都刺耳難耐，覺得對方惡意挑釁。然後往往又在崩潰大暴走之後反省，懊惱著自己怎麼這麼玻璃心……這時候，就很慶幸旁邊有個可以換手的。

有時候就像跑接力賽，喘口氣換個人，才能繼續前進。更重要的是，當個陪伴者，如果能同仇敵愾那很棒，如果不行，至少旁邊有個聽眾聽著罵罵咧咧，消氣又不孤單。

想起了我那母代父職的媽媽。長年外地工作、逢周末才回家的父親，小時候一看父親出門就開始淚眼婆娑，直到飆風青春期時，已經冷眼撇看了。

掙扎、爭吵、歡樂，這些想要分享的瞬間稍縱即逝，如果不是陪伴在旁邊，事後也沒有努力去營造跟經營，不管曾經如何需要著，後面就會變得如何不需要了。

一直都是母親在支撐著家，回家開門炒好飯的、學校臨時有事情通知的、考試深夜前準備消夜的、在收拾房間時閒話聊八卦的……這些真實相處的時光，才是真實。

而我現在回想，才體會出母親一人的壓力有多大。

那些躲在角落裡哭泣、甚至真正失控摔東砸西、割腕的幽暗記憶，伴隨著往往是長時間累積下來的壓力。母親一直沒有得到需要的支持力量，也就是父親在她需要時的陪伴，她只能間歇崩潰，我跟弟弟只會無端受波及，而父親一直要到母親死後才開始於事無補的懺悔。

人在世的多陪伴一秒、多爭吵一句，都比人不在了各種備極哀戚、做足儀式功夫、再多迴向子孫……都還要真實。

孩子的成長、家人的糾結與需求，出現的那瞬間，只有一瞬間。

家人之所以在一起，吵鬧打滾，就是為了承接起那一瞬間，我有陪著你。

你需要我，我也需要你，如此而已。

就像雙星星系倆牽著手互相旋轉繞圈、彼此連結的力量，這讓家有了共同凝望前進的方向。

家庭與生活 060

在靠北與崩潰之後繼續戰鬥！

小劉醫師給爸媽的解憂書

作者／劉宗瑀（小劉醫師）
責任編輯／蔡曉玲．李佩芬
編輯協力／盧宜穗．彭品瑜．李寶怡
封面設計．插圖重繪／FE Design
內頁設計／連紫吟．曹任華
行銷企劃／林靈姝

發行人／殷允芃
創辦人兼執行長／何琦瑜
副總經理／游玉雪
總監／李佩芬
副總監／陳珮雯．盧宜穗
資深主編／張則凡
副主編／游筱玲
資深編輯／陳瑩慈
資深企劃編輯／楊逸竹
企劃編輯／林胤孝
版權專員／何晨瑋．黃微真

出版者／親子天下股份有限公司
地址／台北市 104 建國北路一段 96 號 11 樓
電話／（02）2509-2800　傳真／（02）2509-2462
網址／www.parenting.com.tw
讀者服務專線／（02）2662-0332 週一～週五：09:00~17:30
讀者服務傳真／（02）2662-6048
客服信箱／bill@service.cw.com.tw

法律顧問／台英國際商務法律事務所．羅明通律師
總經銷／大和圖書有限公司　電話：（02）8990-2588
出版日期／2020 年 3 月第一版第一次印行
2020 年 4 月第一版第二次印行
定　價／360 元
書　號／BKEEF060P
ISBN／978-957-503-567-9（平裝）

在靠北與崩潰之後繼續戰鬥！：小劉醫師給爸媽的解憂書 / 劉宗瑀 . -- 第一版 -- 臺北市：親子天下，2020.03
256 面；14.8x21 公分 . --（家庭與生活系列；060）
ISBN　978-957-503-567-9（平裝）

1. 家庭教育　2. 育兒　3. 文集

528.207　109002005